歴史文化ライブラリー
193

江戸の町奉行

南　和　男

吉川弘文館

JN288835

目次

江戸と町奉行──プロローグ

町奉行の支配地

江戸の町奉行《ぶぎょう》は、今風《いま》に言えば東京都知事であると共に国務大臣、最高裁判所・東京地方裁判所の判事を兼任していた。二種類の裁判所の判事を兼務することは、現在ではありえないことであるが、当時町奉行は評定所《ひょうじょうしょ》一座の構成員の一員であったため、右のようになる。またさらに警視総監、消防総監も兼務していた。

したがって大変な激務であった。そのためか三奉行と称された他の勘定《かんじょう》奉行や寺社奉行と比較しても、在職中の死亡率は高かった。今でいう過労死である。

町奉行の支配地は、江戸そのものの発展とともに広範囲となっていく。江戸の市街地であったのは昭和七年（一九三二）以前の十五区（麹《こうじ》町・神田・日本橋・京橋・芝・麻布《あざぶ》・赤坂・四谷・牛込・小石川・本郷・下谷《したや》・浅草・本所《ほんじょ》・深川）時代の旧東京市域に相当する。皇居を中心として六キロの半径をもって円を描くと、ほぼその円周内に含まれる。町奉行支配地は、およそ旧十五区の範囲であった（武家地と寺社奉行支配地は除く）。

江戸時代でも一体どこまでが江戸であるのかが問題となったことがあった。町奉行と勘定奉行、それに寺社奉行とで江戸の範囲の解釈が異なっていたこともあり、また目付《めつけ》から老中に伺《うかが》いが出されたことなどもあって、文政元年（一八一八）に裁定《さいてい》が出た。江戸の地図上に朱線を引き、朱界線の内側を御府内《ごふない》（江戸）とした。いわゆる「朱引図」であるが、それはおよそ従来の町奉行支配地の周辺の村々を包含したものであった。

本書のねらい

江戸の町奉行といえば大岡越前守忠相《ただすけ》や遠山左衛門尉《さえもんのじょう》景元《かげもと》（幼名金四郎）の名前が容易に連想される。二人とも名奉行として今日までその名は高い。それは当時から町奉行を行政の長官としてよりも、裁判官として眺め、また期待されていたことを示すものであろう。

したがって本書は町奉行の裁判を中心とし、それに密接に関連する警察と、これに従事する与力《よりき》・同心《どうしん》を重点的に扱った。江戸の治安維持に関係の深い火附盗賊改《ひつけとうぞくあらため》や自治機関としての自身番屋《じしんばんや》なども附記した。

本書の構成はつぎのとおりである。「町奉行のはじまり」「町奉行の裁判」「治安と警察」「与力同心の生活」である。

町奉行の裁判では、現代日本の世相や出来事と似たことがらが少なくない。ここでは贈収賄事件をはじめ、暴利をむさぼる悪徳商人、言論の抑圧や町の悪党などを取りあげた。また治安警察では三廻《さんまわ》りや目明《めあかし》・岡引《おかつぴき》・手先の変遷などの諸実態を明らかにしようと努めた。

「江戸町奉行」という表現より、たんに「町奉行」というほうが学問的には正しいといわれている。それは幕府の公称からきたものであって、幕府直轄地の京都・大坂などの町奉行は、冒頭にそれぞれの地名を冠して、江戸の町奉行と区別していた。当時の江戸ではたんに「町奉行」といえば「江戸の町奉行」であることを意味していた。また、幕府とは別に諸国の大名領ではそれぞれの城下町などに町奉行が存在していたことは言うまでもない。以上のことを考慮して、本書の題名は『江戸の町奉行』とした。

町奉行のはじまり

6 最初の町奉行

町奉行《ぶぎょう》の最初については諸説がある。その最初を神田与兵衛・岸助兵衛とする説もあるが、彼らは旧北条氏の家臣であって、町普請《まちぶしん》などに登用《とうよう》されたとしても町政に関与した証拠はないため、現在では最初の町奉行とはみなされていない。

町の御代官

天正《てんしょう》一八年（一五九〇）徳川家康は関東入国のおり、板倉四郎右衛門勝重と彦坂小刑部の二人に江戸の市政を担当させたが、しばらくして関東総奉行を兼任とした。この時期はいまだに奉行・代官の職制上の区別はあいまいであって、江戸の奉行は地方と寺社をともに支配していたから、奉行あるいは代官と呼ばれていた。

家康が入国したころの江戸は、茅葺《かやぶき》の家が一〇〇軒もあるかないかの状態で、城の東の平地にはいたるところに汐入《しおいり》の茅原があった。西南の台地も一面に茅原が武蔵野につらなっていて、どこを締まりということもなかったという。したがってまず旧領地から移り住む家臣に屋敷地を割り与え、集まってくる工商の町人のために市街地を提供することが急務であった。そのため堀を掘り、橋を架けるなどの土木工事がなされた。町の民政よりも市街地そのものの建設が主要な仕事であった。

そのご慶長六年（一六〇一）には青山忠成《ただなり》・内藤清成・本多正信の三人が、ついで米津勘兵衛田政《みちまさ》・土屋権左衛門重成が慶長九年（一六〇四）に、島田兵四郎利政が同一八年（一六一三）に任命された。板倉以下内藤までの四人を「関東巨地奉行」と記した史料（『町奉行前録』）もある。このころともなると、江戸の町奉行は「町の御代官」と呼ばれていた。青山忠成と内藤清成は老中《ろうじゅう》兼帯で町方御用を勤め、同時に江戸を含めたより広汎な権限を持つ関東総奉行であった。そのためであろう彼らを町奉行とはいわなかったという。

慶長一一年（一六〇六）関東総奉行の職が廃止されて青山・内藤が免職になると、その権限は江戸町奉行・勘定方《かんじょうがた》・関東郡代《ぐんだい》へと分割されていった。二人の後任として米津勘兵衛田政と土屋権左衛門重成が就任した。土屋の没後に島田治兵衛利政が就任するのである。江戸幕府を開いた慶長八年（一六〇三）以降に町奉行に任命されたと伝えられるものには、青山・内藤のように老中級のものはない。大蔵省本『御役人代々記』（『東京市史稿市街編』第三、三八八頁）には「慶長九年秀忠公　御在城之比《ころ》、米津勘兵衛殿〇田政島田弾正忠殿〇利正江戸町奉行役被二仰付《おおせつけられ》一、両人にて勤られしかハ、町奉行衆と此《この》時より人申ける」とある。しかし米津は慶長九年、島田は慶長一八年の任命であり、やや厳密性を欠くといわざるをえない。前述したように青山・内藤の後任として土屋権左衛門重成と米津勘兵衛田政の二人が慶長九年に任命されているのである。『御役人代々記』の記述が土屋とすべきところを島田と誤ったのか。あるいは米津と島田の記述はそのまま認め、慶長九―同一八年のころより町奉行と称したのかは、後考をまちたい。

家光と米津勘兵衛

右の米津勘兵衛については、つぎのような逸話がある。家光が将軍の地位にあった時、勘兵衛を召し出して昨夜の麴町《こうじまち》通り（現千代田区）での御徒《おかち》の者と牢人《ろうにん》者との喧嘩《けんか》について諮問《しもん》をした。勘兵衛はまだそのような事は聞いていないと返答した。しかし家光はお前の支配地である麴町でたしかに事件があったのに知らないことは不審な事であるといった。勘兵衛は事件があったとしても、訴訟事件になっていないのであろうと返答した。しかし家光は喧嘩の次第を調査するようにと命じた。米津は退出後事件を調査し、翌日登城《とじょう》するとまたも家光の御前に呼ばれて尋ねられた。米津は一方は御徒の一〇人、他方は一人の牢人である。御徒だということであるが、夜中のことなのではっきりしないと返答した。家光はこれに満足せず、再度十分に調査するよう命じた。ところが勘兵衛は、もし御徒の一〇人が一人の牢人に切りまくられたことが明らかになると、旗本《はたもと》の名誉にかかわることになるから、これ以上調査する必要はあるまいと返答したため、ことのほか家光の機嫌を損じてしまった。恐縮した勘兵衛は翌日から病と称して出仕しなくなった。ほどなく家光より勘兵衛宅に医師が派遣されたので勘兵衛は感激し、その翌日から出仕したという（『落穂集《おちぼ》』巻五）。このように家光は時おり役人を呼んで、直接御用を命じることがあったという。しかも将軍から町奉行に直接に細かい指示があったとする逸話は、興味深いものがある。

行政官僚の町奉行

町奉行の職が町方支配専任の行政官僚としての性格が明確となったのは、寛永八年（一六三一）の、加々爪忠澄《かがづめただすみ》・堀直之《なおゆき》の任命の時からであるとされている。このときに町奉行の支配範囲が町方に限定され、奉行役宅も私宅から分離したといわれている。したがって江戸の町奉行制は、この加々爪・堀時代に始まるとする説が有力である。しかし加々爪・堀の転出後に奉行職についたのは一〇〇〇石から三〇〇〇石の家禄の旗本から選ばれ、一〇〇〇俵から一五〇〇俵の加増をうけている。そしてこれ以降、町奉行を最終とするコースで終るものが多くなるのである。つまり町奉行の地位は、旗本の出世コースの終着点となる。右のような意味において、町奉行の官僚組織としての成立は、加々爪・堀の転出後に任命された朝倉在重・神尾元勝から始まったといえる。この意味において、寛永一五年（一六三八）の神尾、翌一六年（一六三九）の朝倉から江戸の町奉行制が始まったとするのが妥当であるとの説がある。つまり町奉行のはじまりを官僚制確立としての見地からすれば、神尾・朝倉ということになるのである。そして寛文期（一六六一―七二）の老中政治確立の過程で、町奉行は年寄《としより》の下部機関として組みこまれていく。同二年（一六六二）二月老中と若年寄《わかどしより》の所管が制度化されると、町奉行は老中の管轄下としてその地位が確定するのである。

町奉行の地位

町奉行は複数

町奉行《ぶぎょう》の職は通常二名であったが、元禄《げんろく》一五年（一七〇二）以降三人となり、享保《きょうほう》四年（一七一九）坪内定鑑の死後、後任を補充しなかったため再び以前のように二人となった。以後幕末まで人員の増減はない。このように複数制をとるのは幕府の伝統的な政策であり、町奉行もまたその例外ではなかった。権限が一人に片寄るのを未然に防止するとともに、相互監視の効果もあったのである。ただし慶応三年（一八六七）江戸に居留地設置の問題が生じたおり、同年七月外国奉行並《なみ》朝比奈昌広が、また同年一〇月より外国奉行支配組頭《くみがしら》杉浦武三郎知周《ともちか》がそれぞれ町奉行兼任となったため、翌四年正月にかけて一時期ではあるが四人となった。以後同年五月はじめまで三人であったが、同年町奉行廃止のおりにはさらに一名を減じて二人となっている。

安い町奉行の首

朝倉在重のあと町奉行に任命をみた石谷貞清（在職慶安四年六月―万治二年正月）に送った旧友の松平出羽守《まつだいらでわのかみ》の手紙のなかに「今度町奉行に仰せ付けられて威勢も付、人々に重用され、実入《みい》りがよくなったのは目出たいことである。しかし首の直段は下った」とあった。つまり戦場で万一討死《うちじに》のとき、一〇騎五〇人の長の首を取った者には、多くの知行《ちぎょう》が与えられよう。しかし町奉行の首では、そうはいかない。町奉行の首を取った者の賞は少なく、とても知行をもらえるほどのこともなかろうというのである。大御番《おおごばん》、書院番などの軍事を担当する番方《ばんかた》の者は、町奉行のような役方《やくかた》の者よりもはるかに重視されていた当時の風潮をよく示している。当時町奉行の地位が一面において、どのようにみられていたかを物語るものであろう。

町奉行の地位

町奉行は寛文二年（一六六二）二月に、老中支配《ろうじゅう》に属すことが明確化した。詰《つめ》の間は芙蓉《ふよう》間、役料《やくりょう》は寛文六年（一六六六）一〇〇〇俵であったが、元禄五年（一六九二）五月、三〇〇〇石以下七〇〇俵となった。享保八年（一七二三）六月、足高《たしだか》の制が施行《しこう》されると、町奉行は大目付《おおめつけ》・勘定奉行・百人組の頭と同じ役高の三〇〇〇石と決定をみた。幕末の慶応三年（一八六七）九月には役高は廃止、役金二五〇〇両となった。

役高三〇〇〇石の町奉行の職に、加々爪《かがづめ》以下幕末までに家禄が三〇〇〇石以下のものが任命された例は八〇％を越える。さらに家禄が一〇〇〇石以下の者で任命された例も少なくない。九〇〇石の池田筑後守長恵をはじめ一二名の多きを数える。根岸鎮衛《やすもり》・矢部定《さだ》謙《のり》・遠山景元などは五〇〇石、坂部広高は三〇〇俵にすぎない。さらに幕末の井上清直・佐々木顕発・都築峯暉にいたっては各二〇〇俵である。これらは家禄よりも人材を重視して町奉行に登用《とうよう》されていたことを物語るものである。それはまたいかに町奉行の職そのものが重要視されていたかを示すものである。

町奉行就任前の職をみると、全体を通してみて勘定奉行がもっとも多い。享保以前では大坂町奉行・長崎奉行といった遠国奉行《おんごくぶぎょう》が半数近くを占めているのが特色である。町奉行昇進への一定コースが次第に確立されていく過程とみることができよう。享保以前にみた使番《つかいばん》・新番頭・先手頭《さきてがしら》などの者が、享保以降町奉行に就任していないことなどとともに、任用上における幕府職制コースの変化を示すものであろう。

激職の町奉行

町奉行の執務については、月番の時は諸公事《くじ》願訴訟を引きうけ（城から）退出後これを聴く。式日は早朝より評定所《ひょうじょうしょ》に詰め、御用が終ってから登城する。……すべて江戸町中ならびに寺社領の町、寺社門前ならびに境内《けいだい》借地の者どもより御府内へかかる出入りは、月番の町奉行が裏書きする定めである。又人馬宿次證文を出す。出火の時は場所へ出馬し、町人足火消へ消防手当等を指揮する（『職掌録』）。

とある。

右により町奉行の職務の大要を知ることができるが、若干《じゃっかん》補足しておくと、江戸市内の町人および牢屋・養生所《ようじょうしょ》などを支配して、市中の治安警察・裁判・民政のほか、さらに消防・道路橋梁《きょうりょう》・上水《じょうすい》なども扱い、天保改革のおりには低物価政策など経済政策にも重点が置かれていた。

右のように町奉行の職務は広範囲にわたるもので、かなりの激職であった。今日の東京都知事・裁判所長官・警視総監・消防総監と国務大臣などを兼任したようなものである。そのため町奉行所は役所（一般には御番所またはたんに番所という）であるとともに、町奉行の住宅を兼ねていた。役宅ともいわれ、町奉行を勤めている間はここに寝起きしていたのである。町奉行の職が激務であったことを示すものとして、つぎのような記録がある。

享保一五年（一七三〇）六月、町奉行大岡忠相・諏訪頼篤より老中松平乗邑《のりむら》宛の伺書《うかがいしょ》に、当時の町奉行は月番・非番に関係なく二人とも城に詰めていたため、大方は夜分まで執務しなければならない。そのため以前のように登城は一人ずつとし、御用は夜に入るまでに終わりたいと述べているのをみても、その多忙さが窺われる（『享保撰要類集』二四ノ下）。町奉行在職中に一六人が死亡（一八・九％）している。そのうち半数の八人は就任後三年以内であり、数年内に死去しているのが一〇人（一一・八％）であるのも、やはり激務によるためであろう。勘定《かんじょう》奉行在職中の死亡率は一三・七％、寺社奉行にいたっては七・七％にすぎない。これらと比較してもやはり町奉行の職は激務であったといえよう。

町奉行の執務

月番の町奉行は番所の表門を八文字に開き、日々四ツ時（午前一〇時）に登城し、退出後に諸事訴訟や請願などを聴き、あるいは裁許《さいきょ》の申し渡しやその他の執務をした。日によっては評定所におもむき、一座の合議に加わった。非番の町奉行所では大門を閉じ潜り戸のみを開けておいた。つまりその月の訴訟や請願などの受付は月番の町奉行所で行う。非番の町奉行所では大門を閉ざしておくだけで、以前に受理した訴訟や請願などの諸調査を継続して審議し処理したわけで、決して仕事が停滞していたのではない。また二人の町奉行は内寄合《ないよりあい》と称して、月番の番所で月に三回ほど協議を行った。二人のうち先任者が万事仕事を主導するのが慣例であったようである。さほど重要でない事柄は相互に書類が交換され、一方の提案にたいし他方は「拙者何の存寄《ぞんじより》も御座なく候（特に異議はありません）」と返答するのが通例である。老中宛に提出する書類は通常連名であった。

与力・同心の家格

町与力のはじまり

町奉行《ぶぎょう》配下の与力《よりき》・同心《どうしん》は、正しくは○○奉行組与力何某、あるいは○○奉行組同心何某というように、最初に所属する町奉行の氏名を記す。しかし煩瑣《はんさ》なため、たんに町与力何某ですましてしまう場合が多い。町与力の始めは板倉四郎右衛門勝重が町奉行に就任したおり、その生国の三河より召し連れてきた椎木《しいき》庄左衛門らの一〇騎であり、彼らが組頭《くみがしら》になったと伝えられている。そのご町奉行が二人になったおり、与力は五〇騎となった。その多くは三河者と奈良者であったという。

そのご三代将軍家光のころ、神尾元勝・朝倉在重が町奉行在任中、御側牧野備前・久世大和・中野壱岐が町与力小笠原弥左衛門と堀三郎右衛門を譜代《ふだい》とし、とくに三〇〇石の地方知行《ちぎよう》を与えたという。寛永期（一六二四―四三）直後のころの町与力の職は他の部門の諸組との交流があったようであるが、享保以後は町与力の職は事実上世襲化した。家格《かかく》は譜代のものもあったが多くは抱席《かかえ》で一代限りである。しかし事実上世襲化していた。

同心から与力は稀

近世前期の特色として、捕物《とりもの》の功績により同心から与力に取りたてられることがあった。後述するところであるが、町奉行が一時期三人あった以前、町与力五〇騎のうち九人は捕物の功によって与力に取りたてられた家系のものであったという。その時期は詳《つまび》らかでないが、そのうちの本間七右衛門は朝倉在重・石谷貞清の時分とされている。右の史料の成立は享保四年（一七一九）であるから、これより以前のことになる。すなわち寛永末以降、享保三年以前の町与力は諸組与力・同心との交流があり、また同心が与力に昇格することもあって、比較的流動的であったとみなすことができる。これが享保以降になると他部門との交流は稀《まれ》となり、ことに町同心から町与力への昇格は例外的なこととなる。その時期と氏名が判明するのは遥か後の文久元年（一八六一）の小林藤太郎のみである。

同心の昇格については、つぎのような伝承がある。ある時、某同心が大変功績をたてた。喜んだ時の町奉行はその同心を呼び、「褒美《ほうび》を与えるから何んなりと申し出よ」と言った。

同心は玄関がほしいと答えた。当時与力の家には玄関はあったが、同心の家に玄関を造ることは許されていなかった。したがって玄関がほしいということは、与力にしてほしいという謎であった。ところが察しの悪い奉行は笑いながら、玄関を造りたいなら造ればよいであろうと言って終ってしまった。せっかく奉行よりじきじきに玄関を造ることが許されたのであるから、この同心はやむなく与力になれないまま玄関をこしらえざるをえなかった。しかし新たに造作した玄関は、戸を開けるとそのまま裏庭に通じるようになっていたという。

なお享保四年（一七一九）町奉行が二人となったおり、与力は一組二五騎、両組で計五〇騎と定められ、幕末にいたるのである。

与力の知行地

与力には知行地を与えられていたが、その始めは元和《げんな》年間（一六一五―二三）のことで、上総《かずさ》・下総《しもうさ》・武州下谷《したや》金杉の三ヵ村で一万石の地であった。そのご金杉村は上野神領となったため、替地《かえち》を下総行徳領内に与えられ、元禄一五年（一七〇二）には上総の給地《きゅうち》のうち二〇〇〇石が御用地となったため、下総香取《かとり》郡内に替地を給された。その後も南北両組の与力給地は上総・下総に散在し、その村数には変動が認められるが石高《こくだか》の総計には若干の変化はあるものの、基本的に一万石であることには変りはない。たとえば文政一〇年（一八二七）の北組与力給地（五〇〇〇石）は、上総国山辺郡および下総国匝瑳《そうさ》郡・香取郡・埴生《はにゅう》郡・千葉郡・葛飾《かつしか》郡内の三一ヵ村に散在していた。給地の収入や庶務を扱うため村方名主のなかから給地役を任命し、そのうち一人を江戸八丁堀の近くに居住させた。また古参の与力を南北二人ずつ給地世話番とし領主としての事務を施行させた。寛政六年（一七九四）以後は支配並二人を加えているが、幕末のころは支配与力五人が毎月一人ずつで取り扱っていた。

与力一人の知行高は古いころは二〇〇石、三〇〇石というものもあったが、普通は二〇〇石以下一五〇石程度である。新任のものは一五〇―一六〇石で、年功によりしだいに加増されて二〇〇石となる。また多年の勤功により五人扶持《ぶち》を給されることもあり、同心支配役になると、三〇石ずつ増給になる規定であった。与力の子で本勤並として勤務するものには年額金二〇両を支給され、またとくに三〇両あるいは一〇人扶持を得たものもあった。

内与力の改廃

町奉行内与力《ないよりき》は天和《てんな》二年（一六八二）はじめて設けられたものである。それは与力二五騎のうち一組二騎あて減じ、その取米計八〇〇石のうち公用人六人に一〇〇石ずつ、目安方《めやすかた》（裁判関係を担当）四人に五〇石ずつをあたえたのである。これは町奉行が適宜に人選ができ、したがってよく気心の知れた古くからの家臣などを任用したようである。私設秘書を公費で賄《まかな》ったものといえよう。大岡忠相は町奉行就任当初、前任者の松野助義に目安方小林勘蔵の譲りうけを懇請した。その手紙のなかに「昨朝より訴訟参り候。諸事覚束《おぼつか》なくばかりに御座候。御察し下されべく候。目安方の儀、少もはやく相ひき取り申したく」とある（沼田頼輔『大岡越前守』）。このころは奉行所内で吟味掛《がかり》与力の分掌《ぶんしょう》はいまだ確立されず、町奉行の私的家臣である目安方が裁判上大きな役割をしめていたことが知られる。坂部広吉（広高、寛政七―八年）は内与力を廃止し、部屋住から二人ずつ抱入《かかえい》れて南北とも実質二五騎ずつとしたことがある。しかし坂部の転出後は再び内与力の制は復活した。天保《てんぽう》一五年（一八四四）二月、鳥居耀蔵《ようぞう》は内与力は小身もので一季同様の軽い身分のものであるから、彼らが公用に携わると大事な用件が漏洩しやすいとして、再び内与力を廃止した。しかし鳥居のあと再び内与力の制は復活して、維新まで存続した。なお、与力の役格は支配（五人）・支配並（人数不定）・本勤・本勤並（五人）・見習・無足見習（人数不定）の六段階である（与力・同心の見習については後述する）。

町同心のはじまり

近世前期の同心については詳らかでないが、両番所が設置された当初より一組五〇人ずつ、合計一〇〇人の同心が所属していたとみなされる。これが寛文二年（一六六二）に倍増されて一組一〇〇人ずつ、計二〇〇人となった。増員の要因は与力・同心による町廻りの強化と制度化、ならびに町奉行支配地域の拡大である。すなわち毎年一〇月朔日から翌年三月晦日まで与力四人同心一二人で構成する町廻りが昼夜にわかれ、芝筋・本郷筋・麹《こうじ》町筋を巡見し主として火元の監査に当った。

そのご天和二年（一六八二）一一月には同心数の大幅な減員が行われた。その数値は史料により差異があって明確さを欠くが、減員の理由としては「町奉行所属の与力同心、数年の風習不良のよし聞ゆれば」（『徳川実紀』第五編、傍点筆者）とある。これによると綱紀粛正とからめて減員となったことが判明する。正徳《しょうとく》三年（一七一三）には一組与力二三騎、同心八〇人、三番所で与力計六九騎同心二四〇人となった。これが享保四年（一七一九）四月従来三つあった番所を二つにしたおり、翌五月に一組与力二五騎同心一〇〇人、両番所あわせて与力五〇騎同心二〇〇人とした。機構改革により約二割弱の減員であった。

同心の身分と役格

同心は抱席で三〇俵二人扶持が定額であるが、実際は三五俵より三〇俵までの差はあった。享保一〇年（一七二五）および同一九年南組同心一〇〇人分の切米合計は三一二三俵、北組は三〇七五俵で各二〇〇人扶持であった。同心の子弟で仮抱入となると二〇俵二人扶持の支給をみる。そのご延享二年（一七四五）町奉行支配地の拡大にともない同心を二〇人ずつ増加し、同心の子弟を採用した。弘化末には見習同心一八人ずつ増員となり、さらに安政六年（一八五九）には仮御抱同心を四〇人ずつとしたので、これを加えると同心数は南北それぞれ一八〇人となる。

同心の役格は年寄《としより》（二〇人）・増年寄役（二人）・年寄並（人数不定）・物書役（五人）・物書役格（人数不定）・添物書役（一〇人）・添物書役格（人数不定）・本勤・本勤並（人数不定）・見習（八人）・無足見習の一一人に分かれていた（同心の見習については後述する）。

与力と同心はたんに家格や俸禄の差違だけでなく、奉行所内の職務でもはっきりと上下の身分関係で結ばれていた。たとえば与力が吟味方または本所方であると、それぞれの配下の同心は吟味方下役同心、本所方下役同心（傍点筆者）と記されている。したがって同心は、同心のみで構成する三廻りを除いては町奉行より直接に命をうけ、あるいは奉行に上申書や返答書を提出することはなかった。町同心の最高のポストは三廻同心（隠密《おんみつ》廻、定町《じょうまち》廻、臨時廻）であった。前にも述べたように、与力と同様に同心も父親の退いた跡を襲って召し抱えられ、しかも他の役所に移ることは稀であったから、その勤務年数は長期にわたっている。たとえば文政六年（一八二三）当時、同心の神田造酒（七一歳）は五七年の勤務である。これには見習の期間は含まれていないから、見習期間があったとすれば約六十余年の勤務ということになる。

番所所在地の変遷と規模

番所所在地の変遷

町奉行所《ぶぎょうしょ》は一般的に「御番所《ごばんしょ》」とも呼ばれ、役所と役宅とを兼ねて表が役所、奥は町奉行の住居であった。当初は江戸城内にあったと伝えられている。『享保撰要類集』（二四ノ上）には、明暦《めいれき》三年（一六五七）の大火以前には八重洲河岸門（北）と呉服橋門（南）に一ヵ所ずつ役屋敷＝番所があり、とくに後者は家康の入国のおりより町奉行所であったとしている。そのご元禄《げんろく》一五年（一七〇二）丹羽長守《ながもり》の任命により鍛冶橋内にも新役所（中）が設けられ、町奉行所は三つとなった。しかし享保四年に鍛冶橋役所は廃止され、町奉行は二名制に復帰した。町奉行所の南北の呼称は両役所の所在地によるものであるため、役所の改廃あるいは火災などの移転などによって変化する。正式名称ではないが便宜であるため、役所内でも使用されていた。文化三年（一八〇六）以後は呉服橋門内（現千代田区丸の内一丁目）が北町奉行所、数寄屋《すきや》橋門外（現同区有楽町二丁目）が南町奉行所と固定し、維新により廃止されるまで続いた。

番所の規模

宝永期（一七〇四―一〇）以降の御番所の坪《つぼ》数はほぼ二六〇〇坪であったが、建坪《たてつぼ》には若干《じゃっかん》の変化があった。たとえば宝永四年（一七〇七）九月に完成した数寄屋橋番所の建坪は田舎間（京間に対することばで、六尺〈約一八二センチ〉平方を一坪とする。関東で多く使用された）で一〇八三坪（公事《くじ》人外腰懸六二坪、合計建坪一一四五坪）であった。正徳《しょうとく》五年（一七一五）一二月の大火で三番所ともに類焼《るいしょう》し、翌春新規建家は田舎間八〇七坪で、宝永期より建坪は二割強も縮小されている。これも享保《きょうほう》二年（一七一七）正月の大火により類焼をみた。このおりの建坪は不明である。また建物の修復等は、番所の欠所金や過料金で賄《まかな》われていた。

大熊喜邦氏は「大岡越前守御役屋敷絵図」より、つぎのように算出して説明されている（『江戸建築叢書』）。それによると、

屋敷地坪数　総坪数二六一七坪余
間口（南北）　四四間余

奥行（東西）　五八間半余
公事人腰掛　四二坪
建物坪数　総建坪一〇八九坪七五
本家　五七九坪七五
内
役所向　　三七九坪二五
居間並小屋敷　四三坪五
住居向　　一五七坪

とある。

町奉行の裁判

町奉行と裁判

江戸時代の裁判のあらまし

町奉行《ぶぎょう》の裁判について述べる前に、江戸時代の裁判制度の全般について、そのあらましを簡略に記しておきたい。まず江戸ではどのような役人が、どのような役所で裁判を行っていたかをみると、中央では(1)将軍、(2)老中《ろうじゅう》・若年寄《わかどしより》、(3)三奉行（寺社・町・勘定《かんじょう》）、(4)道中《どうちゅう》奉行、(5)火附盗賊改《ひつけとうぞくあらため》、(6)大目《おおめ》付《つけ》・目付、(7)評定所《ひょうじょうしょ》である。

地方では(1)所司代《しょしだい》、大坂城代《じょうだい》、(2)遠国奉行《おんごくぶぎょう》・甲府勤番支配、(3)代官・郡代などであった。そのほか大名領ではその領分、家中に関する限り磔《はりつけ》や火罪などの刑罰を大名が科すことができた。

江戸時代の初期には家康・秀忠・家光の将軍自身が大名や寺社の処罰や重要な事件について、直接事実審査を行い判決を下している。このような将軍の直裁を「御直裁判」と呼ばれていた。ところが四代将軍家綱は幼年であったため事実上将軍親裁は不可能となり、将軍不親裁が恒例となった。五代将軍綱吉は天和《てんな》元年（一六八一）の越後騒動を直裁したが、これが将軍御直裁判の最後となった。享保《きょうほう》六年（一七二一）八代将軍吉宗は三奉行の裁判の様子を城内吹上《ふきあげ》で上覧し、以来この先例にならって将軍ないし将軍世子の裁判陪聴が行われた。これを公事上聴と呼んでいる。以下本書ともっとも関連の深い町奉行と評定所において町奉行の担当したおもな裁判について記しておきたい。

評定所一座と町奉行

評定所は奉行が重要な裁判や評議をするために設けられたもので、評定所が建てられたのは寛文元年（一六六一）でそれ以前は、重要な裁判や評議は大老・老中の邸宅で会合して行っていた。明暦《めいれき》三年（一六五七）の大火以降は龍ノ口の伝奏屋敷《てんそうやしき》を使用していたが、やがて伝奏屋敷の隣に独立の建物として新設をみたものである。

ここでは㈠老中の諮問《しもん》機関として、寺社奉行・町奉行・公事《くじ》方勘定奉行の三者が合議体として、いわゆる評定所一座として評議した。大名など他役所や諸方面より老中に提出された仕置に関する伺《うかが》いにたいし、その当否を評決し上申した。

(二)他領他支配と関連する裁判は、原則として評定所一座によってなされた。この場合、目安《めやす》（訴状）を受理する管轄奉行が主任として裁判を行った。ただし評定所で一座の奉行が揃ったなかで行うのは、冒頭の初回吟味と最終回の判決文を読みあげる時だけであった。吟味物としては一座全員による糾問《きゅうもん》があったのは天明八年（一七八八）伏見奉行山城和泉一件と、天保《てんぽう》九年（一八三八）大塩平八郎一件など例外的なものである。三奉行のほか、大目付・目付が立会う五手掛の吟味は原則として評定所で行われた。ただしこの場合、三奉行の全員が参加することはなく、各一名が任命されたのであった。

評定所で奉行の裁判・評議を行ういわゆる開廷日は、定式は月に六日である。評定所の吏員として裁判の吟味の実際を担当するのは、評定所留役《とめやく》である。川路《かわじ》聖謨《としあきら》もかつては評定所留役の一員であった。それは公事方勘定奉行のもとにあって、評定所一座による評議や裁判の実際を担当していたのであり、書物方（勘定六名、支配勘定二名）とともに勘定奉行所よりの出役である。『旧事諮問録』第一編に「（評定所留役は）毎日評定所に詰めて居りまして下調べを致すのは留役でありました」、問「然《しか》らば何か裁判事件のあるときは、三奉行が出て、其《その》ときに寺社奉行が主任となつて調ぶるときは、寺社奉行附の調役なる者が留役の任を取扱ふのですか、矢張《やはり》評定所留役ですか」、答「左様《さよう》であります、矢張評定所留役でありました」とある。

町奉行所なり寺社奉行所、あるいは大名領内での裁判の結末について、不服の場合この評定所に訴えでることは制度上許されない。裁判は現在のように三審制でなく、当時はあくまでも一審制であった。

町奉行と裁判制度

個々の事件や裁判について述べる前に、町奉行の裁判制度のあらましを記しておきたい。これは当時の町奉行の裁判を理解する基本的な事柄である。

江戸幕府の裁判所の吟味（審問）は、出入筋《でいりすじ》と吟味筋《ぎんみすじ》とに分けられる。出入筋とは原告（訴訟人）の訴えにより、原告と被告（相手方）とが争うもので、出入物または公事といった。吟味筋とは町奉行や配下の与力などが職権をもって被疑者を呼び出し、あるいは逮捕して吟味するので吟味物ともいった。

公事の場合、町奉行は江戸の町方・寺社領の町・寺社門前ならびに境内借地の者および旗本や御家人、そして諸家の家来の訴えを受理し、受訴奉行として裁判を行った。さらに町奉行は支配地と他領他支配との関連事件を自ら直接に吟味し科刑できた。また私領からの吟味願いを老中を通じて下付され、裁判を行うこともあった。町奉行は江戸町方との関連事件を下付されるので、武士にたいする吟味を命ぜられることが多い。

右のように町奉行は広範囲にわたる裁判権を持っていたが、注意すべきことは手限《てぎり》といって、中追放《ちゅうついほう》以下の専決は許されていたものの、それ以上の刑の申渡しは伺いを必要とした。町奉行からの伺いに老中が朱を入れて一段と罪を重くした例もあるが、多くは町奉行からの申請どおりに許可されたようである。

武家の家来に関するものは、安永二年（一七七三）より町奉行の相談済によって、急度《きっと》叱りまでは手限とし、押込《おしこみ》以上は伺いを必要とした。そのご弘化二年（一八四五）には足軽以下の者の中追放以下の専決は許され、翌日までに届けることとなった。

吟味物《ぎんみもの》では三奉行の場合、犯罪地を支配する奉行の管轄に属するのが原則である。しかし実際には他支配に関連する事件が少なくなく、三奉行は他の奉行所支配の者も呼び出して吟味することができた。

出入筋

出入筋の手続きは、たとえば江戸居住の店借《たながり》（借家人）が、江戸の他町住居の店借に貸金返済請求の訴訟をおこす場合についてみよう。まず家主および五人組にその理由を述べ、彼らの承諾を得てから相手方すなわち被告側の家主に訴えの理由を告げ、預《あずか》りを依頼する。預りとは訴訟中被告の他行を保証するものである。被告の家主はその理由をただし、ついで本人をただしたうえ預りを出す旨の返答をする。そして被告およびその五人組をよび、なるべく示談ですますようにと説得する。しかし示談を承知しない場合は、家主は原告の家主につぎのような預りを出す。

預り証の事

一、私店何兵衛事、貴殿御店何右衛門より貸金の儀御訴の由に付、公事中は旅行等は決して為致《いたさせ》間敷《まじく》候

右預り一札如件《くだんのごとし》

原告の家主は本人の訴状にこの預り証を添えて名主に提出する。名主は本人と家主をよび出し、示談をすすめるが聞き入れない場合は、相手（被告）側の名主に通知する。被告支配の名主は被告とその家主を呼び示談をすすめる。しかしやはり承伏しないときは、その始末を原告側の名主へ通知する。原告側の名主はここで始めて原告の訴状に奥印《おくいん》して家主に渡す。家主は本人同道で月番の奉行所へ行き訴状を提出する。この場合訴状（目安）には貸金滞出入、女房取戻出入というように内容を記した公事諸《くじめい》を記載する。掛役人《かかりやくにん》は訴状の形式・内容などの違法の有無を審理（目安糺）する。これがすむと正式の目安（本

目安）を提出する。町奉行所ではこれに相手方が何日に奉行所へ出頭すべき旨などの裏書をし、加印して訴訟人に渡す。評定公事の場合には、訴訟人は三奉行所におもむいて加印を受けなければならない。裏書を加えられた訴状は、訴訟人が相手方に送る。相手方は出頭するようにと指定された日（差日）以前に訴状と返答書を奉行所に提出する。

吟味のはじまり

差日には原告・被告・双方の家主などが腰掛で呼びこみを待つ。やがて表門続き長屋の窓より中番が大音声で「何町何丁目家主何兵衛店何兵衛、何町何丁目家主何右衛門店何右衛門、何々の一件揃つて這入られませう」と呼ぶ。声に応じて原告・被告らが揃って白洲の潜りに進むと、番人は大きな鍵をもって五尺余の大きな錠《じょう》（潜戸《くぐりど》）をあけ、白洲の内へ通して直ちに錠をおろす。その響きは鐘のように鳴りわたり、初めてここに入るものは驚嘆しないものはないという。

ここではじめて双方の吟味（審問）が行われる。このおりの吟味は「初て対決（初対決・初而公事合・一通吟味）」といい、およその吟味にとどまり、通常本格的な吟味はこのデのち吟味（詮議《せんぎ》）方《かた》与力によって行われる。初対決のおりは通常奉行が立ちあう。奉行の出る白洲は広く、与力が取調べをする白洲は狭い白洲である（『旧事諮問録』）。

吟味方与力の審理が一応終ると（この間、何度も双方が奉行所に呼び出される）裁判調書に相応する口書が作られ、例繰方《れいくりかた》は罪状判決の類例をさがして提出する。これらにもとづいて町奉行より双方に判決が言い渡される。そのおり訴答双方は連署の裁許請証文を奉行所に提出する。そのご訴訟人は訴状と返答書を継ぎあわせたものを受け取り、裏書に加判した各奉行所を巡歴して印形を消してもらい、初判の奉行所に納めて訴訟は終了する。

内済の奨励

以上のような順で普通の出入筋の裁判は進行するのであるが、幕府はできるかぎり和解すなわち内済《ないさい》を奨励した。前に述べてきたように訴訟をおこす最初の段階でまず家主や五人組それに名主の承諾がなければ提出書類がととのわないため奉行所では取りあわない。したがってこの段階で相当数の訴訟が消滅したはずである。奉行所で審議が進行中であっても双方の間で和解が成立すれば、いつでも訴訟を取り下げることは出来たのであり、奉行所も内済を奨励したのである。

幕末の与力佐久間長敬《おさひろ》の『江戸町奉行事蹟問答』にも「様々に勧解の手を尽して弥《いよいよ》熟談不調たる時は」とあるように、あくまでも内済を第一としていた。とくに金公事の場合は何時内済してもよく、訴訟人のみの申したてだけでも内済が認められていた（片済口）。

吟味物の裁判

町奉行が職権をもって犯罪捜査して犯人を検挙し、または被疑者を呼び出すのを吟味物と称したことは先述したとおりであるが、出入筋で訴えられた人殺・盗賊などの刑事的諸事件や博奕《ばくち》・売女などの件も吟味物といった。被疑者が五〇〇石以下のものは入牢となる。ただし軽罪のときは手鎖《てぐさり》を加えて自宅に監禁させた。被疑者を白洲で吟味したことは出入筋と同じである。

当時の裁判は自白を重要視した。いろいろな証拠によって犯罪事実が明らかとなっていても、本人が自白しないと自白を強要した。この強要の手段として拷問や牢問が行われた。江戸時代に拷問と呼ばれたのは釣《つる》し責《ぜめ》である（両手を後で縛って、牢内の拷問蔵で上から吊るす、天明ごろには近ごろ拷問はないとある）。拷問の制は江戸時代の初期では詳《つまび》らかでないが、享保七年（一七二二）におよその制度ができ、それに多少増補されて『公事方御《くじかたお》定書《さだめがき》』下巻第八三条に入れられた。それによると拷問の行われる犯罪は、人殺・火附・盗賊・関所破りおよび謀書謀判および審理中他の犯罪が発覚し、その罪が死罪に該当する場合であり、それ以外は評定所一座の評議を必要とした。

したがって自白を強要する場合、しばしば用いられたのは牢問である。それは今日の視点では拷問であるが、当時は拷問とはいわなかった。牢問には笞《むち》（箒尻《ほうきじり》といい、長さ一尺九寸、周囲三寸ほどで、竹片二本を麻苧《あさお》または革で包んだもの）で打つ笞打がある。それは二人の打役が背骨をさけて肩から尻にかけて交互に打つ。百数十ほど打っても自白しなければ石抱《いしだき》となる。それは角材、薪などの上に坐らせ、膝の上に石を積み上げる。一枚、二枚としだいに積みあげる。一枚の重さは約五〇キロ近くあったという。五枚でおよそ顎《あご》の高さとなり、六、七枚になると多くは気絶したようであるが、一〇枚までを限度とした。石抱で被疑者が死亡した例もある。石抱でも自白しないと海老責《えびぜめ》となる。これは頭を両足の間にはさみ、足先と顎がつくまで海老のように曲げるのでこの名称がある。これはあまり使用しなかったということである。右のような牢問を一人に三十数回も行った実例があるという。

被疑者を吟味する場合、掛与力は相当に乱暴な言葉や強圧的な態度を取ることが多かったようである。評定所留役は借金の未払いにたいしても、ときには「牢屋へたゝつ込、この牢へたゝつ込んで一度セメル（牢問する）と我死ぬハ」などと脅したというから、吟味筋の場合はより激しいものがあったことであろう。幕末の南町奉行与力佐久間長敬《おさひろ》の父親健三郎は「鬼」という綽名《あだな》であった。その理由を健三郎の二男で原家の養子となった胤昭は「審理に当つて詰問惨酷、激励大音、声を荒ら、げるに至つては、声音正しく往還通行人の耳を突ん裂く事があった。その猛勢を聞き伝へ市民恐れ戦いて鬼とあざなした」と記している（『江戸文化』四巻八号）。相当に確実な証拠があっても、自白にもとづいた口書《くちがき》（供述書）と爪印がなければ有罪にできないのが原則であったから、笞打や石抱などによって責めつけることは少なくなかったようである。

吟味物の審理が終了すると被疑者の口書に爪印を押させる。例繰方が犯罪の類例をさがして提出するのは出入筋と同じであり、これらにもとづいて判決が行われる。

膨大な公事訴訟数

享保三年（一七一八）および翌四年に南北両町奉行所で扱った公事訴訟数はつぎのとおりである。

	享保三年	同四年
訴訟	四万七七三一	三万四〇五一
公事	三万五七九〇	二万六〇七〇
内訳		
金公事	三万三〇三七	二万四三〇四
外公事	二七五三	一七六六
当座訴訟	一万一七三九	一万〇八七二

武家奉公人給金滞　六〇〇　　五一七

（『享保撰要類集』附録）

当時いかに公事訴訟が多かったかは、訴訟のため夜中より詰めたり、五ッ時（午前一〇時）の差紙をうけて出頭しても夜に入ることがあったということからも察せられる（『東京市史稿』産業篇一二）。すでに指摘されているように、右のような背景のもとに相対済《あいたいすまし》令《れい》が発せられた（大石慎三郎「享保四年十一月のいわゆる〝相対済し令〟の評価について」『日本歴史』第一五〇号）。しかし公事数が右のように多くても複雑多岐にわたる内容の公事は少なかったという。しだいに先例や判例の整備が進められ、やがて『公事方御定書』の成立をみるのであるが、享保の段階で「例繰帳」や「科書帳面」の作成にたえるだけの諸帳簿・諸記録の類の整備はすすんでいたといえよう。寛保《かんぽう》二年（一七四二）のころも、再び公事訴訟数がかなりの数に達している。たとえば同年一一月六日、物書同心は明六ッ半（午前七時）より仕事を始め、翌七日は明六ッ時（午前六時）に出仕し、六日は昼食を、七日は昼食と夜食を支給した（『旧記拾葉集』二ノ中）。

右にみたように奉行所で扱ったおびただしい公事訴訟数から、町奉行は事実上ほとんど裁判の審議をしなかったことは理解できよう。町奉行は全く裁判を手がけなかったとは言えないまでも、一般的に掛与力《かかりよりき》が多く扱ったことは否定できない。公事の審理において、町奉行は最初に（初対決）一応聴聞したあとは与力に任せるのは中期以降は慣例化し、最終の段階で判決文を読みあげるのみとなっていた。裁判という特殊な専門知識が求められると、南北両町奉行所とも吟味方を勤める与力の家柄がしだいに固定化する傾向が生じてくるようになる。

幕府の言論統制——講釈師・貸本屋の処罰

馬の物いい

元禄六年（一六九三）初夏のころから、江戸では馬が物を言うという怪しげな噂が広まっていた。それによると、今年はソロリ、コロリという悪疫が流行する。それを予防するためには、南天の実と梅干とを煎《せん》じて飲めばよいという治病のことを書いた小冊子を販売する者があった。人々はこの流言や、迷信の広まりによって南天の実と梅干を購入したため、それぞれの値段は急激に高騰して、平常の二〇倍にもなった。町奉行《ぶぎょう》の能勢出雲守頼寛《よりひろ》は六月につぎのような意味の達書《たつしがき》を発した。

このごろ「馬が物を言う」と申しふれる者がいる。このようなことを言いふらすのは、不届なことである。何者が言い出したのであろうか。毎町ごとに順々に話しついだ者を段々と書き上げるようにせよ。最初に言い出した者がわかれば、どこの馬が物を言ったかを書いて早々に届け出よ。ことに薬の方については、組の者まで申しふれておいた。何という医書に書いてあるのであろうか。一町ごとに人々を調査し探索書を提出せよ。もし隠しだてをするような事があれば曲事《くせごと》であるから、有りていに申し出ること。

これより先、鹿野武左衛門という落語家がその著作の『鹿の巻筆』のなかに「堺町馬の顔見世《かおみせ》」と題した落語を発表した。それは役者見習の斎藤甚五兵衛が、明日はじめて顔見世に出るというので、知人たちに見物に来るようにと頼みまわった。そこでこれまで目をかけていた人々が二、三〇人ほど見物にやってきた。しかし初めての役者のこととて一人前の芸はできず、馬の尻の方になって舞台に出た。人々は「いよう馬殿〳〵」とはやし、ほめたところ甚五兵衛は馬の姿のままで応答し「ひゝん〳〵」といいながら舞台中を跳ね廻ったという笑咄《わらいばなし》である。これが評判となって世上で「馬の物言い（馬の物いい）」という言葉が流行した。

右にヒントを得て神田須田町（現千代田区）の八百屋総右衛門と浪人筑紫団右衛門が、やがて悪疫が流行する。そのための予防薬としては南天の実を梅干と煎じて飲めばよいと、馬が人語を発して言ったという風説《ふうせつ》を広めた。また梅干のまじないの方法を書いた冊子を作り、不当な金銀を得ていたことが判明した。二人は捕えられ、総右衛門は流罪《るざい》（その前に牢死）、団右衛門は首謀者《しゅぼうしゃ》とみなされて斬罪《ざんざい》となった。

話の発端となった鹿野武左衛門は、右の詐偽《さぎ》一件と関係はないのであるが、妖言《ようげん》の種となるべきことを記述し、版行したために人々を惑わせたとして翌七年（一六九四）三月に伊豆大島に流され、冊子は絶版となったのである。

講釈師文耕の逮捕

宝暦八年（一七五八）九月一〇日より講釈師馬場文耕《ぶんこう》は、弟子の文長が店借《たながり》していた江戸日本橋榑正町《くれまさ》（現中央区）の小間物屋《こまものや》文蔵宅で「武徳太平記」「珍説もりの雫」の二席を暮六ッ（午後六時）より講じていた。看板に「珍説森の雫」と掲げたことからもわかるように「もりの雫」がメインであった。それは当時裁判が審理中であった美濃国郡上八幡の金森家騒動に関するものであったため、同月一六日南町奉行同心に捕えられた。町奉行土屋越前守正方の判決文の要旨はつぎのようなものであった。

文耕はかねてより古戦物を講釈して渡世していたが、貧窮で衣服にも困り、客から金を集めようとして、珍らしい出し物の講釈をすると張札《はりふだ》をだした。それは「此度御《このたびご》吟味有《ぎんみこれある》レ之儀《ぎ》」で、それを書物に綴り講談にした。またくじ引きで右の書本《かきほん》を与えた。さらに政治向きの重要なことを書本にして貸本屋どもへ渡した。もっとも夜講釈のおり、人々から雑説を聞いて書留めておき、書物にしたがそれは自分一人の仕業《しわざ》で、ほかに関連した者はいないと申したてている。しかし時事問題に関する風説を申しふらすことは停止を命ぜられているにもかかわらず、公儀を恐れず風説や異説を夜講釈の題材にとりあげ、そのほか不正確なことを書本にして貸出したことは、重々不届き至極である。（老中《ろうじゅう》）松平右近将監武元殿の御指図によって、宝暦八年一二月二九日、見懲《みごら》しめのため町中引廻し、浅草（千住小塚原）において獄門に申付ける。

とある。処罪は遠島《えんとう》ですむべきところであるが、文耕は吟味中少しもおくすることなく、当時の弊政を罵《ののし》ったこと。さらに金森一件について諸役人の依居の沙汰であると、その箇所を摘発したためであろう。老中の差図により獄門に処せられたのである。

町奉行所の諸記録などにより、右一件の関連者の処罰について、従来の諸説の一部を左のように補正しておきたい。

まず文耕の弟子であった竹内文長への判決文は『向方《むこうかた》御赦例書』雑四（『旧幕府引継書』）によると、その大要はつぎのとおりである（以下引用史料はおもに『旧幕府引継書』および『御仕置例類集』による)。

宝暦八寅年十二月廿九日

榑正町
安右衛門元店
浪人
竹内　文長

一中追放

右の者の儀、講釈師馬場文耕に居宅を貸し、夜の講釈をいたさせ候処、金森兵部吟味一件の新作物を読み候由《よし》を承り候間、右体の儀は苦しからずやの段申し候えば、構《かま》い申すまじくむね申に付、其《そ》の意に任せおき、どのようなことを書き現わして本に綴ったのか、見届けていないと申したてているが、席料分を取り、勝手にできること故、最初から不届なこととは存ぜず、其のままにいたしておいたことは不届に付、中追放。

(後筆)安永五申年　日光御参詣相すみ候御祝儀の御赦ニ御免

年数十九年

右により文長の刑は、従来いわれていたような江戸《えど》払《ばらい》ではなく、中追放であったことが判明する。中追放は江戸払よりはるかに罪が重いのである。右史料の目録には「当世現在の儀を写本板行等に致すまじくむねの町触《まちぶれ》にあい背《そむ》き……写本猥《みだり》ニ所〻え貸出候もの」とあり、文耕は金森一件を他の事件に似せて写本を作り、貸し出していたことが明らかとなる。なお同史料によると、文長は「安右衛門元店浪人」(傍点筆者)とある。この馬場文耕事件の関連者のなかでは、もっとも重い刑を受けた弟子の竹内文長なるものの素性が明白となったことは意味が深い。ついで文長の元家主の安右衛門は軽《けい》追放となっている。

榑正町
元家主
安右衛門

宝暦八寅年十二月廿九日

一軽追放
(朱書)
年数十九年

右の者、店子竹内文長宅にて講釈師文耕儀、新作物読み候よし承りおり罷《まか》りあり。当日にいたり例により人大勢入りこみ候に付、まかりこし候えば、金森兵部吟味一件の儀にて、有りていの儀を講釈致し候ことは有るまじく儀と心附け候えども、席料も多く店賃取りたて、生計にもなり候につき、その分にいたし置き候ところ、隣町家主平八参り、番屋へ町廻り同心まかりこし居り候むね申し候につき、文耕へ申し通し相やめさせ候。世上の異説、当時の噂さごと流布《るふ》いたし候ぎは停止にて、殊《こと》に御吟味の儀は重き事にこれあるところ、差しとめもいたさず、町廻り同心《どうしん》参り候を承はり、講釈あいやめさせ候段、不届《ふとどき》につき軽追放

（朱書）
右の者　安永五申年日光
御社参相すみ候　御祝儀御赦ニ御免

（『例書』一）

とある。右のほか事件関連者として処罰をうけた者は、つぎのとおりである。

栄蔵　軽追放
藤兵衛　江戸払
藤吉他六人　江戸払
長兵衛　過料三貫文
十蔵　急度叱《きっとしかり》

右の藤兵衛は本屋渡世《とせい》（前掲書の二）である。藤吉は藤兵衛の弟で、以下の六人とともに貸本渡世であったと思われる。なお藤吉以下六人は従来は「所払《ところばらい》」とされていたが、右

により一段と重い「江戸払」(前掲書の二)であることが明らかとなった。文長・安右衛門・藤兵衛・藤吉他六人は一九年後の安永五年、御社参祝儀により赦免《しやめん》となった(前掲書および『向方御赦例書』雑一)。

貸本屋の処罰

そのご安永八年(一七七九)本所《ほんじょ》猿江町(現江東区)平三郎元店《だな》次兵衛は、江戸払となった。それは二年前の安永六年(一七七七)四月に、深川六間堀《ろっけんぼり》町(現江東区)の弁之助店七兵衛より『見聞蔵鼠録《けんもんぞうそろく》』という写本を代銀四匁《もんめ》で購入した。その写本は小普請組《こぶしんぐみ》猪飼五郎太夫と外村大吉の二人が取調べをうけた様子に似せて作った一〇冊本であった。これは当世《とうせい》や現在のことがらを写本にしたり、刊行することを禁止した町触に違反した行為であった。本来なら町役人に届け出るべきであるにもかかわらず、その一部分を写し取り、方々に貸出して見料を得て利益を得ていた。そのうえ右の種本とも二部を所持しているのは不埒であるとして、江戸払となった(『赦例書』雑一)。また浅草猿屋町(現台東区)佐兵衛門店喜兵衛は右同様の猪飼・外村の詮議の様子を扱った写本二部を銀七匁で買い取り、方々に貸出して見料を得ていたとして七兵衛と同日江戸払となった。二人は天明七年(一七八七)に赦免された(前掲書に同じ)。

田沼意次《たぬまおきつぐ》が失脚すると、早速大坂でこれを扱った貸本が作られ、作者と貸本屋と思われる三人が天明七年、大坂町奉行小田切土佐守直年により処罰されている。事件のあらましは順慶町五丁目（現南区）の井筒屋新右衛門支配借屋の綿屋喜助が田沼意次の失脚を取り上げ、意次の先祖や風説を取りまぜた貸本を作れば利益になると発案した。そこで西高津町（現南区）紅屋仁兵衛借屋に住む御厨屋《みくりや》の大作なる者に話を持ちかけた。大作は喜助の依頼により主要な公儀役人の名前を替え、異説を取り交えて書きあげた。小田切の原案では江戸構・大坂三郷《さんごう》払であったが、評定所ではより重い軽追放に決定した。喜助は吟味中病死したが、存命であれば大作同様に軽追放ときまり、また仲間の貸本屋二人のうち一人は江戸構、大坂三郷払、他の一人は過料三貫文となっている。なお著述した大作は一度こと わったが、結局平兵衛などに押しきられたのであったが、両者の交渉に携った医師は急度《きっと》叱りであった（『御仕置例類集』一）

寛政三年（一七九一）新両替町一丁目（現中央区）の家主伝左衛門の倅《せがれ》の伝蔵は五〇日の手鎖《てぐさり》となった。町奉行初鹿野河内守信興の判決文によると、昨年（寛政二年）に作った読本三部を草双紙問屋通油町武右衛門店十三郎に売却し、内金を受理した。そのご絵本草双紙類であっても、風俗のためにならない猥《みだり》がましい事は無用であるという町触が出た。そして売却後であっても遊所・放埒のことを書き綴ったものであるから、十三郎と交渉して売買すべきではないにもかかわらず十三郎の処置に任せたまま「放埒」の読本を作り出したのは不埒であるとして、松平定信の指示により五〇日の手鎖となった（『御仕置例類集』一二）。

江川町（現文京区）弥助元店の清八と宇兵衛の二人は、寛政一二年（一八〇〇）二月江戸払となった。これまで宇兵衛が見聞した異説や珍事などを清八が板行して売り歩いて生活を営んでいたが、この年の正月下旬清八は大坂で米穀をはじめ諸物価が高騰した様子を耳にした。そこで早速宇兵衛と市五郎、鉄五郎（当時後者の二人は逃亡中で行方不明）が申しあわせ、大坂で米相場が高騰し騒動がおこったと書き綴って板行し、売り歩いたのである。大坂で騒動がおこったというあとかたもないことを書き記して販売したのは、公儀を恐れぬ不埒であるとして、清八と宇兵衛の二人は敲《たたき》のうえ江戸払となった。のち一七年後の文化一三年（一八一六）に赦免となる（『御赦例書』雑四）。

江戸の谷中《やなか》（現台東区《たいとうく》）にあった日蓮宗《にちれんしゅう》延命院の日道は、寺内に陰室を設けて参詣の婦女を宿泊させ、婦女と淫欲をほしいままにしていたとして享和三年（一八〇三）死刑となった事件がある。右の事件に敷衍《ふえん》した記事を取りまじえ、一六冊の読本にしたてて『観延政命談』（『二重底享和文庫』）と題し、貸本渡世のものたちへ売却したとして牛込中里村（現新宿区）の家主嘉右衛門方居候の品田郡太（狂歌師手酌酒盛。『延宝以来御仕置者其外申渡』国立国会図書館蔵によると、品田郡太は「元奥祐筆仲沢達之助方に侍奉公いたし居候もの」とある）は江戸払となった。数寄屋《すきや》町（現中央区）定吉店幸七の悴幸三郎と、浅草福富町（現台東区）家主金右衛門悴の金蔵は所払となった。このほか右の写本を買い取って賃貸した新石町（現千代田区）次助店善蔵ら貸本屋一五人は全員五〇日の手鎖に処せられた。また西丸書院番山口和泉守組松波梶平家来田中作弥ほか二名は、右の写本を複写して出入りのものに貸与したため三名とも五〇日の押込《おしこめ》となった。いずれも文化二年（一八〇五）四月に落着した事件である（前掲書に同じ）。

呉服町（現中央区）平七元店の講釈師瑞龍は文化一三年（一八一六）一〇月江戸払となった。判決文によるとこの年の九月中より高砂《たかさご》町（現中央区）五人組持店俊蔵宅で、一人前二四文ずつの座料を取って赤穂《あこう》義士伝の講釈をしていた。そのおりに先年聞いた咄《はなし》を思い出し、要職にある役人某《なにがし》と京都の堂上方《とうしょうがた》とが詠歌のことで争ったことなどの取りとめもない虚説を取りまじえて講釈したのは不届であるとされたためであった。のち文政八年（一八二五）赦免となる（『御赦例書』雑四）。

文政元年（一八一八）五月、新右衛門町（現中央区）専右衛門元店の又吉は江戸払となった。それは下谷御具足町（現台東区）に居住していた無学という者（のち病死）より買い求めた本には、城内その他の場所柄の絵図が記されてあった。この種の本の売買は禁止されていたにもかかわらず、他に売却したのは不届であるという理由であった。のち文政一〇年（一八二七）赦免される（『御赦例書』一）。

天保《てんぽう》二年（一八三一）南鍛冶《かじ》町二丁目（現中央区）家主十兵衛方同居善助ほか三人が御《ご》制禁《せいきん》の書物取り扱いについて、処罰された事件がある。右善助は手間賃不払いのため代りに『異扱要覧』という一枚摺《ずり》四五枚を受けとった。この一枚摺は武家方持場内で異変が生じた場合、目付《めつけ》に届ける手続きなどを仮名書にしたものである。しかしこの種の書物は以前より禁止されていたのであるから、売上代金は没収、五〇日の手鎖となった。

右の家主十兵衛は善助の依頼により板木を預り、また二枚ほど売却したのは不埒であるとして板木没収、過料五貫文となった。さらに神田佐久間町一丁目（現千代田区）の茂吉店吉兵衛はこの『異扱要覧』を二〇枚ほど買い取り、佐兵衛に売却して利益を得たのは不埒とみなされ、売上代金は没収、五〇日の手鎖となった。また二〇枚ほど購入した湯島天神門前町（現文京区）家主佐兵衛はその内の一七枚を売却して若干の利益を得た。そのため残り三枚と売払った代銭は没収、五〇日の手鎖となった（『御仕置例類集』一二）。

北国米買上一件——一大収賄事件の裏面

天明大疑獄事件の背景

天明《てんめい》二年（一七八二）諸国の作柄は平均六割程度であったといわれている。津軽《つがる》藩は一二万一七八〇石の減収であった。それは長雨に洪水・大風が重なったためである。翌三年には浅間山《あさまやま》の大噴火があり、近世の三大飢饉《ききん》（享保《きょうほう》・天明・天保《てんぽう》）と呼ばれる全国的規模の大飢饉が生じた。そのごも数年間は飢饉は慢性的に続いたため、被害は一段と重くかつ拡大していった。生れ育った村にいては餓死するばかりであった農民は、群をなして漂泊者となり他国に放浪した。菅江真澄はその紀行文のなかに人肉を食した話をはじめ、見聞した餓死者の惨状などを記しているが、同様の記述は諸書に少なくない。

津軽藩では天明三年九月から翌四年六月までの餓死者は八万人余、領内田畑の約三分の二は荒廃に帰したといわれている。南部《なんぶ》藩では餓死・病死者の合計六万人余り、他領への流浪者三〇〇〇人余もあって、領内人口の二割近くを失ってしまった。仙台《せんだい》藩でも餓死者は四〇万人にのぼっている。このような全国的飢饉が日本各地で百姓一揆や都市騒擾《そうじょう》をおこすのは当然の帰結であったが、それが近世を通じてもっとも高い数値を示すのがこの天明期であった。

江戸でも米不足の現象が生じて米価は高騰した。これを解消するため天明六年（一七八六）に大量の北国米買付が行われた。ところがこれを悪用して買上米《かいあげまい》の不正事件がおこった。いわゆる御買上米一件あるいは北国米一件と呼ばれている一大疑獄事件であり、典型的な政官民癒着の大事件であった。そのあらましはつぎのとおりである。

土山宗次郎らの不正

江戸の米不足対策として天明六年二月勘定組頭《かんじょうくみがしら》土山宗次郎は、普請方の役人石田儀右衛門を越後米買い上げ御用のため現地に派遣した。指定価格は一石一両であった。江戸では年末には一石一両三分ぐらいになっている。土山は米価騰貴の折柄という口実で、三〇〇〇両予算超過という届書を提出して、差額を着服したという。

この年の七月に関東に水害がおきると、土山は書院番の河野庄右衛門とはかり、飛脚《ひきゃく》問屋《どんや》孫兵衛ら数人に仙台米の買い付けを命じた。一両で一石七斗の安値で購入させ、それを一両一石の計算で届け出てその差額を着服した。不正着服金は総額五〇〇両といわれ、土山・河野で分けたとも、あるいは共謀者四人で分配したという。

土山らの悪事発覚の端緒《たんしょ》は詳《つまび》らかでないが、土山は同年一一月一七日に勘定組頭より富士見御宝蔵番の頭に落とされ（同日、同役の金沢安太郎定侯は御役召放となる）、翌七年九月一六日の夜に逃亡して潜伏したが捕われ、同年一一月死罪となった。ほかにも業者ら死罪四人、追放・押込《おしこめ》などは三四人にものぼった。しかし実は陰の主犯格は元勘定奉行赤井豊後守忠晶《ただあきら》であるといわれている。

北国米買上一件

ついで天明七年（一七八七）一二月、もと側衆申次《そばしゅうもうしつぎ》で田沼派の重鎮《じゅうちん》、当時菊之間縁頰詰であった横田筑後守準松《のりとし》（天明江戸打ちこわしを将軍に伝えなかったとして天明七年五月二九日御側《おそば》申次を罷免《ひめん》）の家臣福井忠左衛門は、重追放《じゅうついほう》となった。『御赦例書』一四によると、その発端は天明六年一〇月六日、浪人河野庄右衛門（もと書院番士、のち引廻しのうえ死罪）と飛脚問屋孫兵衛（牢死）他二人が忠左衛門に面談し、御買上げの北国米（仙台米）について請願したことより始まる。すでに勘定奉行より提出してある書類が横田準松に下げられるように聞いているので、停滞することなく処理してほしいという依頼であった。

そのおり時候見舞として金三〇両包を取り出し、忠左衛門は受理した。右の依頼は無事に実現したので庄右衛門と孫兵衛の下代惣兵衛（のちに引廻しのうえ獄門）が同道し、時候見舞として菓子折を持参しまた金三〇両と反物二反を贈り忠左衛門は受納した。事件の判決文にははっきりと「賄賂ニ相当候」と指摘している。一六年後の享和《きようわ》二年（一八〇二）に忠左衛門は浚明院法事により赦免《しやめん》となった。このおりの下ヶ札には「本文的当之例も無之」とある。つまり右のような収賄《しゆうわい》についての適当な前例はないとし、それゆえに赦免について今迄申し上げなかったが、年数も経過しているので昨年八月に伺《うかが》いをたて、伺いの通りにせよとの事であったと記している。右の下ヶ札の文言およびその内容ならびにつぎに示す仙台藩士中村大右衛門の件とともに、収賄の具体的な金額が示されている珍しいものである。

なお右判決文のなかに、最初に三〇両を贈与したおり、そのご忠左衛門より主人横田準松に依頼の旨を伝える前に、事が無事終了していたと記してあるが、微妙なタイミングのことでもあり、忠左衛門が主人横田を庇《かば》ったものであろう。忠左衛門が重追放となったおり、横田準松はお目通差控《めどおりさしひかえ》となっている。その理由を『翁草』は「家来御仕置に付」と付している。

仙台藩の疑獄

前件の北国米買上一件と関連して、仙台藩でも収賄事件があり有力藩士が処罰されている。前出の『御赦例書』によると、翌天明八年（一七八八）五月一一日、仙台藩主松平陸奥守重村の家臣中村大右衛門は重追放となった。それは二年前の天明六年八月江戸室町二丁目（現中央区）の飛脚問屋孫兵衛の下代惣兵衛が中村大右衛門のもとに訪れ、仙台藩領の米を購入したいと申し入れた。対談ののち同年の新穀四万五〇〇〇石を売り渡すこととなった。その前金として中村は五〇〇〇両を受け取り、また別に買得米を石巻から円滑に積出しができるよう取りはからってもらいたいとの依頼で金一〇〇両を収賄した。そのごさらに八丈縞二反が贈られ、これも中村は受理した。

ところが仙台表も凶作のため廻米が減少し、米は飛脚問屋の孫兵衛に渡らず、前渡米五〇〇〇両の返済も滞った。孫兵衛より京都の二軒の飛脚問屋へ納める買上米も不納となった。右の始末は不届であるとして評定所《ひょうじょうしょ》は中村大右衛門を重追放に処した。二九年後の文化一三年（一八一六）将軍家斉《いえなり》・家重の右大臣御転任・右近衛大将御兼任御祝儀により中村は赦免となった。『撰述格例』初集三ノ上によると、この件は町奉行山村信濃守良旺《たかあきら》の担当で、老中牧野備後守貞長の指図を受け、前出の福井忠左衛門の処罰例に準じて中村大右衛門を重追放に処したとある。都市の庶民をはじめ農民までもが飢餓《きが》に苦しんでいたおり、大量の米の買付けに狂奔する商人、地位を利用する官界の実力者らの莫大な不正利益の獲得は、政官民癒着の典型的な例であるといえよう。田沼派の重鎮側衆横田準松追放の背景には、右のような疑獄事件が存在していたことを指摘しておきたい。

諸役人の収賄事件

右の北国米買上一件ほどの大事件でなくとも、大小さまざまの諸役人による収賄事件は少なくない。そのうちのいくつかを左に挙げておきたい。

宝暦一二年（一七六二）六月、大坂で金奉行の前田伴次と蔵奉行の村上茂助の二人は遠《えん》島《とう》になった。ともに商人から収賄した（『徳川実紀』）とあり、収賄の不正行為によるものである。『赦例書』によると大坂金奉行の前田伴次郎は同地の蔵奉行村上茂助の依頼により、近江屋勘兵衛、広島屋新次郎、和泉屋五郎七らと面談した。そのおり前田と村上の二人は勘兵衛の差しだした金子《きんす》を受理した。それは「御買金これ有るの段、知らさせつかわし」とあるから、二人はその職務上知りえた情報あるいは職務上の権限を利用してなんらかの利益提供の便宜をはからったものと思われる。そのごも前田は利息も定めず、また証文もない金を勘兵衛より借用していた。のち評定所で吟味をうけたおり、右の金高や茂助より他の町人たちへ引きあわせとなった理由は、はっきりとした記憶はないと事実と違う答弁をしたのは不届であるとして六月二一日に遠島を申し渡され、同年一〇月遠島となった。文政五年（一八二二）赦免されたが年数六一年と記されている。はたして本人は存命していたかは疑わしい。おそらく遠島の地で生涯を終えたものと思われる。前田と村上の二人が受納した金額は不明であり、贈賄した大坂商人たちはどのような処罪を受けたかも詳らかでない。収賄した奉行の遠島は当時としては特に厳しいとはいえないとしても、赦免までの期間は異常なほど長いことは指摘できる。

宝暦二年（一七五二）深川永代寺門前町（現江東区）での売女についての吟味が北町奉行所で行われていたおりのことである。能勢小十郎は売女詮議について関与することはなかったが、小十郎養子の能勢源蔵家来の飯倉畦七はもと傍輩の喜多代十右衛門の言うがままに、金子の支払を催促するため永代寺門前仲町伊兵衛のもとにおもむいた。伊兵衛より能勢源蔵に贈られた賄賂金の金高は詳らかでないが、飯倉畦七は賄賂金のうち四両一分を貰ったのは不届であるとし、同二年一二月八丈島に流罪《るざい》となった（翌三年四月流さる）。のち寛政五年（一七九三）赦免となっているから四一年の流罪であった（以下『例書』一〇による）。

右の売女一件吟味が行われていた時のことである。同町の平三郎店伊兵衛は、深沢常右衛門とともに浪人落合五門をたのみ能勢小十郎を氷川門前茶屋で接待した。そのおり同町甚兵衛と申しあわせ小十郎に賄賂金一五両を差しだしたのは不届であるとされ、伊兵衛は軽追放となった。のち天明七年（一七八七）赦免となる。年数三六年である。

また浪人落合五門は甚兵衛にたのまれ、町内の売女詮議を軽くすませてもらうよう能勢小十郎に直接面談して依頼した。礼金などは受理していないが小十郎を接待する世話をしたり、賄賂金の取りもちをしたのは不届であると、やはり軽追放となった。天明七年の赦免で年数三六年である（前掲書）。

実際に金銭の贈与が行われていなくても、便宜をはかるようにと依頼したことが事実であれば、金銭の授受がなくても贈賄側は、金銭の授受が行われたのと同様に江戸払となった例がある。それは文化元年（一八〇四）四月元大坂町（現中央区）の庄助という者が、もと町同心であった永谷六郎左衛門を訪ね、「内〻声を掛けくれ候様と頼」んだ事実は、いまだ礼物《れいもつ》等を贈っていないのが不届であるとして同月一六日江戸払となっている。のち文化一三年（一八一六）赦免されているが年数は一二年である（前掲『御赦例書』一〇）。

寛政五年（一七九三）町奉行小田切土佐守組の元同心伊沢伝之助は重追放に、同組元同心竹田亀次郎は中《ちゅう》追放となった。伊沢伝之助は札差《ふださし》たちの居宅を見廻りのおり、些細《ささい》なことでも厳しく叱りつけるなど迷惑をかけることが多かった。またある男を空米《からまい》商人（米の現物を実際の取引ごとに受渡しせず、相場の上り下りの差額だけで決済〈空米取引〉する米商人のこと）と知りながら、その者たちの開店のおり町内名主たちに目をかけるよう依頼したこと。また新吉原での遊興《ゆうきょう》、料理茶屋での度々の接待をうけ、贈物をはじめ金銭の受理、あるいは借用などをしていたためであった（『御赦例書』四）。文化一三年（一八一六）赦免、二四年である。竹田亀次郎は伊沢伝之助と同様札差の居宅を見廻りのおり、権柄《けんぺい》ずくであった。また伊沢と同様に空米商人よりたびたび料理茶屋で接待をうけたほか、金銭や贈物を受けていたためである。伊沢と同様文化一三年、年数二四年で赦免となった（前掲書）。

式亭三馬の筆禍と火消人足

三馬の筆禍

式亭三馬《しきていさんば》は『俠《きゃん》太平記向鉢巻』と題した黄表紙を、寛政一一年（一七九九）板元《はんもと》西宮新六より刊行した。その内容から先年あった火消人足《ひけしにんそく》の喧嘩《けんか》（一番組と二番組）を扱ったことは容易に理解できる。その挿絵にも随所に鳶口《とびぐち》・纏《まとい》などが描かれてあった。これを見た一番組の「よ組」の火消人足たちは怒って板元西宮新六と作者の三馬宅とを打ちこわし、人足らは入牢となった。右の事情について『寛政紀聞』には、大略つぎのように記している。

（前略）其の趣向は去年山王祭礼の節、麴町祭小舟町通りのおり、意趣これ有るのよしにて大喧嘩あい始まり、誠に軍《いくさ》同様と申すぐらいにて即死怪我人おびただしく、余程のあいだひまどり、漸く内済《ないさい》に相なり候始末を、それとなく軍にことよせ作りかえ、絵には下町辺纏など真の如くに写し、人足などの印半天《しるしばんてん》まで其のまゝに描きたり。しかるに右仲間《なかま》の者ども銘々《めいめい》身分にかゝる事を慰《なぐさ》みにいたし、売出し候義はなはだ不届なりと一同申しあわせ、諸方小売店の卸本を追々と買い取りおき、当月二日の

図１　『侠太平記向鉢巻』
（東京都立中央図書館加賀文庫所蔵）

夜、町役人へ右の本を持参いたし、かくの仕合ゆえ、用捨いたしかね候ニ付、西村方へ押しかけ打こはし候間、左様《さよう》に承知これ有りたきよし申し置き、それより四五〇人にて鳶口或《あるい》はかけやの類、手に〳〵提け、西村方江おしかくるや否、見世座敷土蔵の嫌いなく、微塵に打こわし、其後直に町奉行所江まかりあり。右の始末申しあげ候ニ付、奉行所において一応取糺《ただ》し、右の者残らず入牢を申渡され、西村の主人を早々召し呼ばれ、手鎖所預に相なり、作者三馬も同様也。御裁許は如何が仰せ付けられ候や、未だ相わかり申さず候えども、此節世上の評判、右の壱件ばかりなり。とある。その結果は火消人足の四〇―五〇人が板元宅をこわし、奉行所に自首したため全員入牢となり、板元と作者三馬は手鎖となったとしている。

『御赦例書』六のなかに「口論あばれ之類附リ徒党いたし人家家財を打壊候類」と分類された記録があり、右一件の関連記事が記されている。新事実などもあり未紹介のようなので、つぎにその大要を記しておきたい。

町火消よ組人足
神田永井町
佐兵衛元店

一江戸払御免之願　　千之助

此の者儀、喧嘩口論ならびに人家等打こわし候儀、いたすまじくは勿論の儀、殊に其の趣は近頃町触も有るところ、当春草双紙の内、鳶人足ども軍の躰《てい》を書き綴り候は、去〻巳年（寛政九）よ組に組人足ども口論の儀を含み著述いたし候と相見え、両組の合印纏など書き入れあり、よ組は負け候趣に相見え候間、右を恥辱に存じ、一同鳶口を持ち右双紙板元材木町一町目助七店地本問屋新六、ならびに作者青物町六右衛門店喜兵衛（式亭三馬）方え罷りこし、理不尽に絵双紙類又は諸道具等打こわし候段、不届に付寛政一一年四月二一日、敲《たたき》のうえ江戸払を申付候ところ、此度御赦免願仕り候

文化一二年四月

権現様二百回御忌御法会の御赦ニ

御免　　年数拾七年

右により板元西宮新六および作者式亭三馬の居宅が打ちこわされた経緯が明白となった。作品中の火消人足の勝ち組は「に組」、負け組は「よ組」であることも明白となった。さらに首謀者と思われる「よ組」千之助は敲のうえ江戸払となり、一七年後に赦免されたことなどが新たに判明した。

勝ち組も打ちこわしをする

三馬の作品中、負け組として扱われた「よ組」の人足が怒るのは不思議ではない。ところが勝ち組の「に組」の人足たちもうちこわしを働いたとして処罰をうけていたという新たな事実は、さらにつぎの史料により指摘することができる。

一江戸払御免之願

町火消に組人足
横山同朋町市蔵元店
熊右衛門
同
橘町四町目平兵衛店
孫市方ニ元居候
留五郎

此のもの儀、喧嘩口論ならびに人家など打こわし候儀いたす間敷ハ勿論の儀、殊に其の趣は近ごろ町触も有り候ところ、当春草双紙の内鳶人足ども軍の躰を書き綴り候しなあり、右は去〻巳年よ組に組人足ども口論の儀を含み作りいたし候と相見え、両組の合印纏など有り。よ組は負け候に相見え候に付、板元作者の宅を打ちこわし候よし承り、に組は勝ち候躰に相見え候とても、捨ておき候てはよ組にたいして相すみがたく存じ、一同鳶口を持、右草双紙請け売りいたし候堺町家持新兵衛、同町家主利兵衛方へまかりこし、理不尽に絵双紙類又は外商売の品を打ち損じ候だん、不届に付寛政一一年四月二一日両人とも敲のうえ江戸払申しつけ候ところ、此度御赦免願い仕り候

文化一二年四月

権現様二百回忌御法会の御赦ニ

御免　　年数十七年

（出典は前掲書に同じ）

とある。右によると負け組の「よ組」のものが板元や作者の家宅を打ちこわしているのを聞いては、勝ち組の「に組」としてそのまま傍観するのは「よ組」にたいして「相すみ難し」と思った。そこで「に組」の熊右衛門・留五郎が草双紙を請け売りした新兵衛や利兵衛宅へ押しかけ、絵双紙類などを打ち損じたという。そのため熊右衛門と留五郎の二人は敲のうえ江戸払となり、一七年後の文化一二年（一八一五）に赦免となったとある。なおこのおり「に組」の火消人足吉五郎は九年後の文化四年（一八〇七）に赦免となっている。

従来いわれている四〇—五〇人におよぶ火消人足たちの入牢（『寛政紀聞』など）は、事件直後の処置であって、取りあえずの扱いであり、裁判をうけた後の処分ではなかろう。打ちこわしに参加した者のうちの首謀者とみなされた者だけが処罰をうけるのが通例であり、この場合も「に組」の三人、「よ組」の一人がそれぞれ敲のうえ江戸払となり、のち赦免されているのである。

さらに「に組」（勝ち組）の火消人足たちが、問題の草双紙を請け売りした新兵衛・利兵衛の居宅を打ちこわしたおり、又別の「は組」の火消人足たちが長次郎なるものの宅を打ちこわしている。それは「に組」は平常火事場で出会っているのに、今回の打ちこわしに「は組」にたいして何の挨拶もないのを怒り、同じ「は組」の長次郎宅に談じこんだ。長次郎はこれを取りあわなかったため、「は組」の清次郎・金次郎は長次郎宅を打ちこわすという騒動をひきおこし、清次郎・金次郎そして長次郎は江戸払となった。三人はともに一七年後の文化一三年赦免となった（出典は前に同じ）。

ここで注目すべきことは、前述したように負け組（よ組）の打ちこわしを聞いた勝ち組（に組）の火消人足までもが打ちこわしに参加したことである。「勝ち組」の「に組」としては、「負け組」の「よ組」のものが打ちこわしを働いているのを黙って見すごすのは

「相すみ難い」という感懐《かんかい》を持ち、ともに作品関係者宅の打ちこわしを働いたことである。「に組」の者たちは打ちこわしの対象を作品の販売をした者にむけているのは、板元・作者と同類の者とみなしたからであろう。また別の「は組」の火消人足たちが、平常のつきあいにもかかわらず「に組」（勝ち組）より何の挨拶もなく打ちこわしをしたのを怒り、内輪もめをおこしている。いずれも今日の視点からすると一見奇妙な感覚であり行動であるが、当時の火消人足たちが平常抱いていた感懐としては、さほど不自然なものではなかったと思われる。彼ら火消人足たちには今日ではなかなか理解し難い特異な連帯感が、彼らの日常生活のなかに存在していた。そのため火消人足どうしの喧嘩、あるいは火消人足と相撲とり、又は芝居小屋での闘争などが数多くみられたのであろう。なお右の事件のため、三馬の名は高まったということである（『近世物之本江戸作者部類』）。

海外情報への欲求と幕府の猜疑

林子平の筆禍

林子平《はやししへい》（一七三八—九三）は『海国兵談《かいこくへいだん》』や『三国通覧図説《さんごくつうらんずせつ》』の著者として知られているが、また同時に右の著述により処罰をうけ、落胆のあまりに詠んだ、

親もなし妻なし子なし板木なし
かねもなければ死にたくもなし

という歌でも広く知られている。彼は長崎に遊学して洋学についての知見をひろめたが、海防の急務を説くため『海国兵談』を安永六年（一七七七）に起稿し、一〇年の歳月を費して天明六年（一七八六）に脱稿した。著述の趣旨は自序にあるように、わが国は海国で

あるため国防は水戦であること。また当時北方より千島・蝦夷《えぞ》に迫りつつあった露国《ロシア》を警戒すべきこと。ならびに外寇《がいこう》の恐るべきことを警告するのを目的とするなどを記している。しかし本書の刊行には出版資金がないため非常な苦心を払い、自費出版による刊行は五年後の寛政三年（一七九一）であった。先にあげた歌は刊行後在所に蟄居《ちっきょ》を命じられ、板木を没収されたおりのもので以後は六無斎《ろくむさい》と号したという。同五年（一七九三）六月五六歳で没した。

林子平は『海国兵談』に先だち天明六年（一七八六）夏に『三国通覧図説』（天明五年秋成稿）を刊行している。これは日本の隣境にある朝鮮・琉球・蝦夷地の三国と無人島（小笠原諸島）の地図などをのせ、国防的観点からこれらの地域の風俗や地理を解説したものであった。

『海国兵談』刊行の翌寛政四年五月、子平は在所で蟄居を申し渡されたが、町奉行小田切土佐守直年の原案では重追放《じゅうついほう》であった。そこには去る明和四年（一七六七）の山県大弐《やまがただいに》事件を引用し「死罪申付候類例に見合、此《こ》の者義は巧《たくみ》候儀もこれなく、取りとめもない風聞又は推量をもって、いかがの義をも書き綴り候までにて品軽く御座候あいだ、重追放」（『祠曹雑識』五二）とある。しかし小田切の重追放という案は、老中《ろうじゅう》松平定信の指示により「在所に蟄居、兄嘉膳へ引渡」と変更された。子平はたんなる浪人者であれば重追放は免れないところであるが、身分は軽いとはいえ子平の兄は仙台藩士であったため、定信の政治的配慮がなされたものと思われる。子平が処分されたおり、『海国兵談』とともに『三国通覧図説』も絶版となった。

『海国兵談』を板行・販売した須原屋市兵衛は、板木を没収され過料五貫文の処分であった。一〇〇〇部板行の予定が実際は三八部しか頒布できなかったといわれている。そのころ室町二町目（現中央区）権八店市兵衛は『海国兵談』を一一部引き取り、四部は得意先へ見本として配り、二部は書物屋伊八へ、五部は貸本屋甚兵衛に渡している（『撰述格例』初編）。右の市兵衛のもとへ内山町（現中央区）家主甚兵衛は貸本を借りうけにおもむいた。そのおり市兵衛より新板の『海国兵談』を渡され、購入希望者があれば売却してもらいたいと依頼された。甚兵衛は以前より町触《まちぶれ》があるにもかかわらず、行事改めがすんでいると思いこみ改めもせずに受け取ったのは不念であるとして、過料五貫文となっている（『御仕置例類集』天保類集一五）。

『北海異談』

文化六年（一八〇九）大坂で南豊亭永助という者が『北海異談《ほっかいいだん》』と題した書物をあらわし、魯賊が蝦夷地に侵入した顚末《てんまつ》を記述した。根岸肥前守鎮《やす》衛《もり》の裁許文《さいきょ》によると、これより以前永助が世話していた当時無宿の講釈師秀弘なる者より来た手紙の中に、近来異国渡来の異説が記してあった。そこで永助はこれは珍説であるので読本にすることを思いたった。そして住所不明の者より借用した書面に作意を加え、また秀弘よりの手紙の記述を、あたかも事実であるかのように加筆した。さらに要職にあった人々の名前を借用するなどして、根拠のない事柄をあたかも事実であるかのように記して一〇冊本にまとめ『北海異談』と題して大坂豆葉町（現東区）佐渡屋庄助借屋の俵屋五兵衛より売却した。また江戸の須原屋五兵衛より刊行しようとした。そのため「公儀を恐れざる仕形不行届至極」であるとして、引廻《ひきまわ》しのうえ獄門となった（『御赦例書』雑四）。

このおり当時無宿であった軍書読渡世《とせい》の前述秀弘は、近頃蝦夷地に渡来した異国人のことを記した書を駿府《すんぷ》の忠五郎より借用した。これに作意を加え、古来の軍書等にならって要職にある役人名を借用して大坂の南豊亭永助に送った。永助は前述したようにこれに諸風説をとりまぜた『北海異談』をあらわし獄門となったが、秀弘は遠島《えんとう》となり、のち文政一一年（一八二八）赦免となっている（前掲書に同じ）。大坂の俵屋五兵衛は軽追放《けいついほう》、剛蔵ほか二人は大坂三郷払となった（『一話一言』巻三五）。

高橋作左衛門（死骸）の扱い

オランダ商館付医員として来日したシーボルトは、医学をはじめわが国の洋学発展に貢献した。しかし文政一一年（一八二八）の帰国に際し国禁の地図の海外持出しをはかり、いわゆるシーボルト事件をひきおこした。日本地図は幕府天文方高橋景保《かげやす》（作左衛門）がクルーゼンシュテルンの『世界周航記』などと交換したものであった。この事件を契機に幕府は大々的に洋学を弾圧した。

高橋作左衛門は牢死した。そのおり死骸の処置について、目付《めつけ》の見分けがすむまで塩詰にしておくようにとの指示があった。御定書《おさだめがき》の規定によると、重科人の死骸を塩詰にするのは、つぎのような罪を犯したものにたいして行われた処置である。すなわち主殺・親殺・関所破りなどである。高橋作左衛門の場合は、種々の犯罪のなかで最も重罪であるとみなされていた主殺・親殺と同等の扱いである。その前例としては由井正雪《ゆいしょうせつ》の事件のおりの丸橋忠弥の死体が塩詰になっている。つまり高橋作左衛門の行為は、かつての丸橋忠弥の謀反《むほん》に相応するとみなされたわけである。当時の幕閣が高橋作左衛門の行為にいかに驚愕し、かつ憎悪したかが窺われるのである。評定所《ひょうじょうしょ》での評議でも「病死の節、死骸塩詰仰せ付けおかれ候うえは、いずれ容易ならざる一件にて、格別厳科にも処せらるべき義とあい聞え候あいだ」とみていることからも知られよう（『御仕置例類集』一一）。

『海外新話』一件

『海外新話』は嘉永三年（一八五〇）に刊行をみた。この書についてはすでに森睦彦氏の好論がある（「海外新話の刊行事情」『長沢先生古希記念図書学論集』所収）ので、以下これにより紹介したい。『海外新話』は阿片《あへん》戦争を扱ったものであるが、その内容が不適当であるとして絶版処分となった。著者嶺田楓江《みねたふうこう》の目的は、阿片戦争で清《しん》国が敗北したことを広く知らせ、日本に迫る外圧にたいする認識を深めようとするものであった。つまり急速に迫りつつある外圧や、海防の必要性を呼びかけたものである。

この『海外新話』が絶版処分となった一件についてみると、その処分は表面的には出版手続きを怠ったことによるものとなっている。しかし内実は町奉行《ぶぎょう》所から学問所にたいし、本書は出版手続きが不備ではあるが、改めて手続きを受ければ出版が許可される内容のものであるか否かを問いあわせている。これにたいし学問所の返答は「世上に流布《るふ》いたし候てはよろしからず」であるため、出版は許可できないと回答している（嘉永三年四月）。さらに回答文には「此のような類は、和訳ともに書物体裁による開板ならず」とある。これが出版禁止の真相であろう。阿片戦争の情報が世間一般に伝播《でんぱ》するのを抑止しようとしたのである。

右により著述者の嶺田楓江は同年一〇月に押込《おしこめ》の処分をうけ、二年後の嘉永五年（一八五二）には三都所払となった。この処置は林子平の『海国兵談』の出版より重いものである。『海外新話』を刊行した書店菊屋幸三郎は過料五貫文の処分であった。海外情報にたいする一般庶民の高まりにたいし、海外情報の普及を嫌悪する幕府の態度は好対照であったといえる。

河内山宗春と町の悪党

河内山宗春とその仲間

河内山宗春は歌舞伎《かぶき》の「雲上野三衣策前《くものうえのさんえのさくまえ》」や「天衣紛上野初花《くもにまごううえののはつはな》」で著名であるが、前者は明治七年（一八七四）、後者は同一四年（一八八一）の初演である。江戸時代には河内山宗春は歌舞伎では上演されていない。芝居では宗春は松江侯邸にのりこみ、義賊のように美化されているが、これは二代目松林伯円の講談「天保六歌撰」を脚色した白浪物《しらなみもの》である。関根黙庵の『講談落語今昔譚』によると、二代目松林伯円は宗春の娘から聞いたという宗春の事蹟を中心に、同時代の悪党を加えて三〇席の読み物をねりあげたという。黙阿弥《もくあみ》はこの講談種《だね》をもとに脚色したのであった。

黙阿弥の作品のなかで、河内山が使僧に化《ば》けて松江侯の屋敷に行き、ゆすりを働くのは竹田出雲《いずも》作「男作五雁金《おとこだていつつかりがね》」の翻案ではないかとの指摘もある。河内山宗春＝強請《ゆすり》という図式は、以前から確立していたのであろう。事実、宗春はゆすりの常習犯であった。水戸家がひそかに富籤《とみくじ》興行をしたのを種に、宗春は水戸家をゆすり、これが水戸家より幕府に伝えられ、そのため宗春は牢に入れられて判決の出る以前の文政六年（一八二三）七月に牢死した。毒殺説もある。

宗春の申渡書（判決文）は詳らかでないが、宗春一味たちへの申渡書から、宗春父子一味の悪党ぶりをうかがうことができる。これら一連の申渡書から宗春父子をはじめとする一味の悪行を挙げると、つぎのとおりである（以下は『御仕置例類集』続類集による大要である）。

一　宗春は慶徳寺不伝より金子《きんす》を押借《おしかり》（金品を無理に借りること）し、悴の三之助に金子を受け取りに行かせて受理した。これにより宗春は慶徳寺不伝より金子を押借したことは明白である。なおこのおり関係僧侶たちへの申渡書は、つぎのとおりである。

右の者どもの儀、河内山宗春そのほかの者どもまかりこし、金子貸しくれ候ように申すにつき、断り候ところ、女犯《にょぼん》又は博奕《ばくち》あい催し候むね、跡形《あとかた》もなき儀申しかけ立ち去らず候はば留め置き、其《そ》の筋へ申し立つべきところその儀なく、懇意《こんい》のもの共をあいたより取り扱いもらい、不伝ほか三人は金子渡しつかわし内分《ないぶん》にいたしおき候だん、一同不埒ニつき不伝ほか三人は三〇日逼塞《ひっそく》、看真は急度叱り。

とある。

二　小普請《こぶしん》斎藤孫八郎は宗春と馴《な》れあい、二ヵ所の寺院より金子一〇両を押借した。

三　宗春は水茶屋《みずぢゃや》に僧侶客の出入りしているのに目をつけ、いいがかりをつけて水茶屋伊兵衛より肴代《さかなだい》として金二分を受け取った。

四　宗春はその手下と思われる庄吉を引き取るおり、忰三之助の身分を町人と偽って引き取らせた。

右により宗春およびその一味の者たちは女犯僧の噂を聞きこみ、その僧侶の寺院に押しかけて押借をする常習犯であったことが判明する。また女犯僧の情報を得るため、小耳にはさんだ噂であっても水茶屋に押しかけ、水茶屋より情報を得るばかりか、水茶屋からも肴代と称して金子をまきあげていた。

宗春の忰とその仲間

宗春の忰三之助も父宗春とともに悪事を働いていたことは否定できない。文政七年（一八二四）江戸払《ばらい》となっている。その申渡書によると①三之助は無刀で他行した。②父親の宗春の命じるまま慶徳寺に行き、不伝より金を受けとり宗春に渡した。③庄吉（宗春の配下と思われる）が佐伯源吾より金を押借りしようとして法外ないいがかりをつけ、争って傷をうけ往来《おうらい》に倒れた。その引取人としての書類に町人と身分を偽って町役人に提出した。これらの理由により、とくに最後の身分詐称が重視されて江戸払となったのである（前掲書に同じ）。

小普請の斎藤孫八郎は宗春の悴三之助と同じ文政七年に遠島《えんとう》となった。その申渡書によると、無刀または脇差《わきざし》だけで他行していた。そのうえ河内山宗春と馴れあい、二ヵ所の寺院から金一〇両を押借している。また猪野平一郎と同道のおり、幼少者の小花火が平一郎の襟に吹き散った。平一郎は孫八とともに種々むつかしいことを言いたて、河内山宗春宅へ来るようにと告げて帰った。そして平一郎は詫びの挨拶金として金二朱と酒二升を受けとり、孫八と二人で酒食したのは不届《ふとどき》であるとして遠島になった。

中間の養祖父で隠居《いんきょ》の棚沢鉄十郎は定次郎という者より仲間とともに金二両を押借した主謀者であった。また河内山宗春より、天龍院から金子を押借することを承諾させたことを聞き、宗春の使と称して金一両を借用した。御定書には贓物《ぞうもつ》（賄賂《わいろ》または他の不正手段で得た品物）金一両以上は死罪とあるにより、死罪となった。

西丸表六尺の政七は、病気と称して引きこもり中でありながら無刀、または脇差だけで外出した。幸七方で餅菓子のなかに蜘蛛《くも》が入っていたと難癖《なんくせ》をつけ、金二分を押借した。さらに幸七の娘を嫁に貰《もら》いたいと言いだし、ことわられると娘は密通《みっつう》したといいがかりをつけるなど、理不尽なことをわめき、翌日まで立ち去らないと言いはった。そして今後の扱いは河内山宗春にまかせると言って帰ったのは不届であるとして、遠島に処せられた（前掲書に同じ）。

弁天小僧の元祖

文久二年（一八六二）三月、江戸市村座初演の「青砥稿花紅彩画《あおとぞうしはなのにしきえ》」（河竹黙阿弥作）は、通称「弁天小僧《べんてんこぞう》」又は「白浪五人男《しらなみごにんおとこ》」としてよく知られている。三代目歌川豊国の錦絵《にしきえ》、役者見立ての「白浪五人男」によってヒントを得たものといわれている。五幕八場であるが、なかでも呉服商「浜松屋の場」で美女は実は男であったという意外性、島田髷《しまだまげ》のまま桜の刺青《ほりもの》もあらわに大あぐらをかいて「知らざァ言ってきかせやしょう……」の七五調の名台詞《せりふ》は、今日でも屈指の名場面として上演されている。当時わずか一九歳であった一三代目市村羽左衛門（五代目尾上菊五郎）の弁天小僧は大当りを取り、一代の代表芸となるのである。

武家の令嬢になりすました弁天小僧とその供に化けた南郷力丸の二人は、呉服商浜松屋の店先でわざと万引をしたように見せかけて咎《とが》められ、額に傷をうける。これをゆすりの

図2　弁天小僧　市村羽左衛門
（東京都立中央図書館加賀文庫所蔵）

種に一〇〇両をかたり取ろうとするのである。ところがこれより四三年前の文政二年（一八一九）無宿浪人藤田寿左衛門なるものが同様の詐欺《さぎ》とゆすりを働いている。時の町奉行《ぶぎょう》榊原伊賀守主計頭《かずえのかみ》（忠之）の裁判をうけ、死罪となった。そのおりの申渡書の大要はつぎのとおりである。

　御仕置付ニ伊賀守申し上げ候例

　文政二卯年、榊原主計頭伺のうえ申しつけ候。無宿浪人藤田寿左衛門儀、武家方あい勤め候節、小遣銭に差しつかえ、金子ゆすり取るべくと存じ、緋縮《ひちぢみ》反《たん》の切地《きれじ》を買取り、懐中いたし、当六月中、呉服屋伝太郎外一ヵ所見世へ罷りこし、反物《もの》類を差し出させ候うえ、盗み取候躰《てい》にいたし成候を、召仕のもの共見咎め、相ただし候節、持参いたし候懐中の切地を差しだし、憤り候躰ニいたし、武家にたいし盗賊の悪名を付け、身分立ち難く候ニつき、打ちはて、此《この》もの切腹いたすべしなど、彼これ六ケ敷《むつかし》く申しかけ、都合金四両二分ゆすり取り、残らず酒食遊興につかい捨て候始末、侍《さむらい》の身分、別て不届に付、死罪（前掲書に同じ）。

とある。まさに弁天小僧の手口の原型といえよう。さらに五年後の文政七年（一八二四）にも、ほぼ同様の手法でゆすりを働いたものがあり、これも死罪となっている。その裁判を担当した町奉行筒井伊賀守政憲《まさのり》の申渡書はつぎのとおりである。長文ではあるが、左に挙げておく。

御目付支配無役
小島八十八養父隠居
小嶋政五郎

右のもの儀、金子ゆすり取るべくと存じにつき、呉服屋平兵衛方へまかりこし、小切を見候うえ、気に入らず趣を申し立ち帰り候せつ、縮緬《ちりめん》一切懐中へ入れ候ところ、手代ども見咎め候に付、所持の由と申し偽り、兼て持参いたし候ほか呉服屋にて小切買いととのえ候せつの売上書付を証拠に差し出し、手代ども相わび候えども難題を申しかけ、酒食の振廻《ふるまい》をうけ、酒代《さかだい》として金二分をゆすり取り、其のごなお又難題を申しかけ、金二分を貪り取り、あまつさえ吉蔵を供の躰にいたし成し、途中にて幸助ほか四人持ち候の傘・天秤棒《てんびんぼう》等が面躰に当り傷つき、又は行違いに足を踏まれたと言いがかりをつけ、療治代として金一両二朱をゆすり取ったのは不届につき、死罪。

この儀呉服屋へまかりこし、差しださせ候小切のうち、懐中いたし候は盗み取り立ち帰る心底には無く、ねたり致すべく巧より仕なし候事につき、御仕置つきに、伊賀(榊原)守申し上げ候無宿浪人藤田寿左衛門と、趣意は同様にこれあり。

かつ往来の者へ六ヶ敷申しかけ、療治代等ねたり取り候不届は、去る巳年(文政四年)評議に御下げ成られ候、長井五右衛門相伺い候三田久保町家主、六番組人宿勘七寄子甚五郎儀、本材木町一丁目、又は瀬戸物町往来にて、引まいり候車に突き当り、怪我《けが》いたし候よし申し偽り、あいすまざる段、事六ヶ敷難題を申しかけ、伊兵衛・与惣吉宅へ連れ帰り候せつ、療治代差し出し候よう申しかけ、都合金三両ゆすり取り、右金子は残らず遣いすて、或《あるい》は目黒在の村名は存ぜず野田にて、六七人の手合に加わり、廻り筒にて拾銭弐拾銭賭の賽《さい》博奕を一座したのは不届に付、死罪とあい伺い、評議のうえ一座の存じより一決つかまつらず、死罪又は入墨のうえ重追放と両端に申しあげ、死罪と御差図ある例に見合い、かたがた伺のとおり死罪。

評議の通り済み（朱書）（前掲書に同じ）。

とある。江戸市村座で大評判となった弁天小僧の初演より約四〇年前に、右にみたような類似のゆすりが二件続いている。そのごも江戸市中でこれをまねた事件があり、それらを黙阿弥が取りあげたと考えられよう。いずれにせよ幕末の弁天小僧より以前に、同じ手口の犯罪が約半世紀以前の文政のはじめに、既に存在していたのである。

町人から武士へ――御家人株など

苗字帯刀へのあこがれ

江戸時代には由緒《ゆいしょ》や格式、それに家柄などが重視されていて、その風潮は現代では容易に想像できないほど強いものがあった。庶民にとって苗《みょう》字《じ》がつけられる、苗字を名のることが出来るのは大きな名誉と自慢であり、また願望でもあった。さらに帯刀《たいとう》は庶民にとっては栄誉のしるしとして、その家の誇りであった。帯刀という場合、大刀と小刀（あるいは脇差《わきざし》）との二本を帯びることである。したがって江戸の町人のなかには、苗字を名乗り、あるいは大小二本の刀を差すことの禁令を破る者が絶えなかった。

御用達《ごようたし》町人は天和《てんな》（一六八一―八三）のころまでは、いずれも帯刀であった。そのご貞《じょう》享《きょう》（一六八四―八七）年中男伊達《おとこだて》が流行し、素町人であっても仲間に加わると帯刀し熊谷笠をかむった。白柄組《しらつかぐみ》、大小神祇組《だいしょうじんぎぐみ》などの横行《おうこう》も中山勘解由《かげゆ》によって一掃されたが、そのおり町人の帯刀は御用達であっても禁止された（『我衣』）。宝暦六年（一七五六）四月、後藤縫殿助は出火のおりは帯刀御免《ごめん》となった（前掲書に同じ）。このように町人身分で帯刀が許されるのはごく限られたものたちであったため、町人帯刀は特権者であることを誇示する象徴であり、それだけに一般庶民の羨望《せんぼう》の的であった。

『御赦例書』によると、元文《げんぶん》五年（一七四〇）田中喜六という者が筋目もないのに千葉と名のるなどしたため、江戸払となった。これは延享《えんきょう》二年（一七四五）赦免《しゃめん》となり年数六年とある。深川八名川町（現江東区）の貞之助は桐油合羽《とうゆがっぱ》で渡世《とせい》していた。それが加藤貞之助と名のり、自分から帯刀して浪人と詐称し普化宗《ふけしゅう》一月寺の弟子となった。袈裟《けさ》をつけ天蓋《てんがい》を借りて所々を歩行したので大小を取りあげられ、寛政九年（一七九七）軽追放《けいついほう》となった。文化一三年（一八一六）赦免。またもと中間《ちゅうげん》であった無宿の作内は、江戸で侍奉公をするため大小を買い求め、自分から野田作内と名のり帯刀していたが、文政元年（一八一八）七月大小を没収され軽追放となった。そして佐州へ水替人足《みずかえにんそく》として送りこまれ、同一〇年赦免となった。

このほか浅草橋福富町（現台東区）の元名主又次郎は、養祖父善次郎の代より御蔵もより出火のおりは帯刀して駈けつけ、火消《ひけし》人足を指揮していたという家代々の言い伝えがあるとかねがね主張していた。しかし町人の帯刀は古来よりの禁令であるとして、文政七年（一八二四）七月、刀脇差は没収され江戸払となった。同一二年（一八二九）赦免となる。また本所吉田町（現墨田区）の元家主東左衛門は、以前武家方奉公をしていたときより鎗《やり》や大小を所持していた。その鎗を自宅に飾りさらに仏事や所用のおりには大小を帯びて外出していたため、文政九年（一八二六）三月鎗や大小は没収、軽追放となり天保四年（一八三三）赦免となっている。このような諸例から苗字あるいは帯刀は町人たちにとっては、根強い憧憬《しょうけい》の対象であったことが判明する。

持参金付養子による身分転換

苗字帯刀は武士の特権であったが、それはたんに形式上また外見上のほか、武士であることは一般町人からみれば安定収入が保証されているという経済的な羨望でもあった。それは金額の大小はあっても、日々金銭の獲得の苦労にあけくれる町人にとっては非常な特権であり羨望でもあって、俗にいう〝結構なご身分〟であった。

戦国時代なら氏素性のない農民であっても出世して武士となる機会はあった。しかし泰平の世ともなると、町人が武士へと身分転換することは不可能であった。けれども不可能と思われる町人から武士に転換できる方法は絶無ではなかった。表面上は合法であるという手続きさえ無事にすませば、町人であっても武士になれる抜け道はあった。それは後継者の男子がない武士の養子となることである。もちろん旗本《はたもと》の階層では親戚の眼が光っているから容易ではない。しかし身分の低い階層の武士、たとえば御徒《おかち》や同心などではその組頭《くみがしら》の意向で黙認されれば可能であった。それは当時俗に〝御家人《ごけにん》株を買う〟といわれていた。

御家人株の売買は以前よりみられたところであるが、時代の降るほど多くなる傾向が認められる。富裕な町人が子息のために金を積んで御家人株を手に入れ、養子という形を取って町人が武士となることは、さほど珍しくなくなってきた。安永（一七七二―一八〇）ころの「七色唐からし」と題した落書のなかにも、

与力《よりき》になるのは　座頭《ざとう》の子

とある。高利貸をして蓄財した座頭が、御家人株のなかでも同心より格式の高い与力の株を購入していたことを物語っている。御家人株の売買はかなり以前よりみえるところであるが、文化（一八〇四―一八）年間では「今は常の事になりぬ」（『世事見聞録』）といわれ

るようになっていた。曲亭馬琴《きょくていばきん》が天保七年（一八三六）孫の太郎のために一三〇両で鉄炮《てっぽう》組同心の御家人株を買ったのは著名な話である。幕末のころは徒士《かちざむらい》が五〇〇両、与力が一〇〇〇両といったように、およその相場が成立していたという。

天保七年二月、幕府は旗本御家人に「養子取組之儀は……近来持参金に専ら拘り取組候儀も間々有之哉《これあるや》に相聞」と、持参金付の養子を禁止しているが、それは以前の寛文三年（一六六三）や安永三年（一七七四）など度々令しているところである。以下、町奉行所の記録等により、養子縁組で処罰をうけた諸例についてみたい。

偽養子の実例

寛延元年（一七四八）九月水野求馬は八丈島へ流罪を申し渡された。求馬は筋目のない浪人平山平左衛門の息子であるにもかかわらず、水野七郎右衛門の悴半右衛門の養子となったのは、幼年で事の委細は不明であったとはいえ、不埒であるというのが流罪の理由であった（『例書』一）。また同日水野半次郎は三宅島に流罪を申し渡された。それは半次郎は町人の息子であるにもかかわらず実父の又左衛門の言うがままに従い、小普請小俣平右衛門の養子となったためである。町人の息子では武家の養子にはなれないため、竹姫君若様元台所取次の水野七郎右衛門の次男というふれこみであった。右二件の背後にあった黒幕は水野七郎右衛門であった。七郎右衛門の息子の半右衛門の養子を浪人の息子（水野求馬）としたこと。また町人の忰を自分の次男と偽り、小普請《こぶしん》の小俣平右衛門の養子としたのであるが、どのような罪になったのかは詳《つまび》らかでない。

寛延二年七月小普請土屋兵部少輔元組の小宮山佐太郎は新島に流罪《るざい》となった。佐太郎は筋目もない浪人の身分であったが、金子を提供して小普請小嶋源左衛門の弟と自ら詐称し、小普請小宮山源次郎の養子となり跡式を相続していた。源左衛門の弟と詐称するにあたり金子を提供したとあるところからも、このほか相応の金子が動いたことであろう。右の小宮山佐太郎は、玉置嘉藤次という筋目もない浪人であることを承知で、この養子縁組を取りもったのは巣鴨原町二丁目（現豊島区）の元家主次郎右衛門であった。次郎右衛門は藤次と源左衛門の双方より金子を得たのは不届であるとして軽追放となったが、天明二年（一七八二）赦免となる。

翌三年（一七八三）三月元勘定《かんじょう》の加藤元次郎は三宅島に流罪となった。その理由は元次郎の祖父星野嘉左衛門、伯父星野源七郎と父親の三之丞の三人が相談して、筋目のない新次郎を山中源七郎の聟《むこ》養子とした。そのおり若年とはいえ元次郎は新次郎より礼金を受けた。そのご新次郎が僉議《せんぎ》にかかったおり、身を慎むべきであるにもかかわらず、父三之丞の言うままに逃亡したのは不届であるというものであった。のち安永五年（一七七六）赦免、年数二七年とある（以上、前掲書に同じ）。

寛政六年（一七九四）四月、御留守支配明屋敷番元伊賀者大和田善次の父親大和田助次郎は中追放となった。それは伊賀者吉村大吉の養子に浪人者の悴をむかえるため、その悴を大吉の弟として印判しまた証文を提出したこと。さらに持参金の一部を借り受けたことなどによるものであった。のち文化一三年（一八一六）赦免となる（『御赦例書』御家人之部一）。

町人あるいは浪人の悴の身分を詐称《さしょう》して武家の養子とすること、いわゆる御家人株を買うことと並んで、浪人の娘を武家の養女とすることも少なくなかったようである。寛延三年（一七五〇）九月、金田采女支配の元小普請本多作右衛門は重追放となっている。その理由は浪人土橋左門の娘を持参金付で本多作之丞の養女とするおり請合証文に加判したこと。さらにさきの浪人土屋左門次男の勇三郎を、作之丞次男と詐って届け出たためであった。また同日、小普請組金田采女元支配の黒沢杢之助も重追放となっている。それは右の件につき請合証文に加判したこと。また勇三郎を作之丞の次孫として出生届をするなどの不正な相談に加わったためであった。本多作右衛門とともに天明二年（一七八二）赦免となっている。年数二九年とある（『例書』一）。

黒鍬の株

享和三年（一八〇三）七月青山大膳亮元家来の佐藤岩次郎は、江戸一〇里四方追放となった。それは次助という者より同人悴の亀次郎の世話をたのまれたため黒鍬の田中忠兵衛に依頼した。忠兵衛は亀次郎を自分の甥《おい》と詐称して、黒鍬の中村虎造の跡に召抱えられるようにしたことが咎《とが》められたためである。右の佐藤岩次郎が江戸一〇里四方追放となった同じ日、修験《しゆげん》の智専という者も江戸払となった。それは前述の田中忠兵衛は中村虎造より番代りの者を依頼されたおり、智専は養育金一〇両を出すと聞いて、忠兵衛の世話をしたためであった。金額が明記された数少ない史料である。佐藤岩次郎、智専はともに文化一三年（一八一六）年数一四年で赦免となっている（『御赦例書』三）。

石川雅望の嘆き

雅望の『とはずがたり』

雅望《まさもち》（通称糠屋七兵衛、狂歌師宿屋飯盛）は寛政三年（一七九一）一〇月一八日、公事宿《くじやど》の贈収賄《ぞうしゅうわい》事件に連座《れんざ》して家財没収・江戸払いとなる。やむなく江戸を離れて府外新宿近辺の成子《なるこ》村（現、JR新宿駅西方より中野方面へ青梅街道沿い）の知人のもとに身をよせるまでの一部始終を記した『とはずがたり』がある。石川雅望の識語によって、同月二五日成子に到着後まもなく書きあげていることが判明する。以下同書により、町奉行《ぶぎょう》池田筑後守長恵の吟味《ぎんみ》をうけた次第の大要を以下に挙げておきたい。なお稲田篤信氏の「公事宿嫌疑一件」（『文学』五二号）を参照させていただいた。記して謝意を表しておきたい。

六月一五日の夜安左衛門という者が来て「明日巳の刻（午前一〇時）町奉行所へ出頭せよ」と告げた。「何事だろうか。心おぼえはない」と言ったが、「むねつぶれておの〳〵」とある。

突然に町奉行所へ呼びだし

翌一六日の朝町奉行所におもむくと、同業の旅籠屋《はたごや》の主人が一四人ほど出頭している。一体どのような理由で召喚されたのであろうかと互いに問いあわしたが、はっきりとしたことはわからない。四時間後の午後二時すぎになったころであろうか、白洲《しらす》に呼びこまれた。町奉行の池田長恵殿とかいわれる人であろうか、人々の名を呼びつぎのように言った。「一体お前たちの家業のものは、田舎人の訴訟で宿泊すると、彼らが言いもしないことを訴状などに書きつらね、あるいは腰押《こしおし》（すすめそそのかす）をして滞在の日数を引きのばす。訴訟が終って帰る時には訴訟文を書いた手数料や、力添え料などを要求して金銭を取る。このように腹黒いことをしていることを、すべて申しあげよ。もし隠しごとをすれば、牢にぶちこむぞ」と大変にいきり立って言った。

私（雅望）はこのような汚いことは一切していないので、半ばあきれて戸惑《とまど》ったが、何か返事をしなければと思い、「そのようなことは、夢にも覚えはありません」と答えた。他の人々も同じように返答した。そのうちに何人かが「不義の財は受けていないが、旅客から謝礼を差しだすものがある。これは貰《もら》いました」という者があった。奉行は「呉《く》れるからといって、貰うべきものではあるまい。おそらく金を呉れといったに相違あるまい」と言って、容易に承諾しない。

また「勘定奉行所のなかに、中番《なかばん》という役職の役人がいる。初めて訴状を提出する田舎人のなかには、謝礼金を一けたあるいは二けたも贈るものがいる。門番にも二三〇疋余り贈るというが、このようなことは事実なのか」という。「これは二〇〇年余の昔からそのように行ってきたのであって、私たちだけに限ったことではありません。まして門番たちに謝礼をしなければさま〴〵なまがごと（凶言）を言うので、しかたなしに、口ふさぎ料として贈るものです」と答えた。奉行は「さだめてそうであろう。追って指示するから、この者たち（筆者注―雅望ら公事宿の主人たちのこと）は、近隣のものに預け置く。退席せよ」といった。

書類の提出と再度の召喚

それより吟味場に行くと、町奉行配下の吟味与力《よりき》吉田百介という人が出てきて、「一四人の者たちは、それ〴〵申しあげたいことがあれば、書面で明後日までに提出せよ」という。

その夜は家に帰っても理性ある心地もなく、何となくせつなく、何か物悲しいことは限りない。一体どのような人の陰口で一四人の中に入れられ、このようにつらい目にあうのであろうか。日頃世の中のこと、お上《かみ》のことは大切に思い慎んで少しもゆるみや、怠け心も起こさずにいた。まして人の訴訟ごとが長びけばよいなどと思ったことはない。天にまします神様もご覧下さい。少しも不正なことや曲った心もないのになどと、あれこれと思いめぐらしているうちに、一晩中一睡もできなかった。

二日あまり過ぎて思うところをあらまし書き付けて、奉行所へ提出した。私の家に宿泊する旅客は多くは商人か堂社参りの人ばかりで、訴訟のため滞在するのは一〇人のうち一人にすぎない。けれどもこの旅籠屋の家業は古くから続いているので、地方に得意客が多く宿を求める人は少なくない。……私は常に多病であって旅籠屋の人々の集まりには出席していない。やむをえない時は召使を出して、自分は病の養生《ようじょう》につとめていた。そのため奉行所の中番という役人の顔も知らないのであるから、どうして媚《こ》びるはずもないのである。二〇日ころより例の病によって苦しかったので、森某という医者に診察してもらって床に伏せていた。

二八日に奉行所より召喚があったが出廷できないので、召使の東助を代りに出した。この一〇日ほど前に勘定奉行所の中番の庄五郎は、虚偽を言ったとして獄に入れられたということである。私は先に述べたような人とも交際せず、訴訟人ばかりを宿泊させることもないのに、どうしてこのような一四人のなかに入っていたのだろうと思っていると、奉行は木戸屋弥右衛門にむかって、下総《しもうさ》の乙子村の者より中番に銭を贈ったいきさつを問いただされた。この乙子村と同国の取手の客がわが宿に泊ったことがあった。このため自分が召喚されたのかと、はじめて納得できた。旅館の主人が宿泊客より銭を乞うて自分のものとするようなことは、自分は全く関与していないので、ともかく期待が持てると思った。

三度目の召喚

七月二五日、三度目の召喚があった。尋ねられたことは先に述べたとおりである。皆は「門番に銭を贈ったことは、そのとおりでございます。しかし旅客の腰押をして金をむさぼるようなことは、少しもございません」と答えた。その時奉行は、いかめしい顔のめじりを広げてつぎのように言った。「体裁よく言葉を飾り真正直に言わないのは、憎いことである。やつらのうち、次郎八を獄に入れろ。留次郎、甚介、幸七もともども獄に入れろ」と大声で激しく言った。下役人たちはたちまち四人を縛りあげた。そして「其余のものたちも隠していわなければ、やつらのようにするぞ。本日はこれまで」と言った。恐怖は胸・肝にしみこみ、歩む足も震えがちであった。家に帰っても胸がふさがり、頭痛がするのでそのまま床に伏せた。「再び召喚のおりは皆々牢獄に入れられることであろう。そうなればどうして生きのびることができようか」。親しい人々は家に集まり、憂《うれ》えることは尋常一様ではなかった。

四度目の召喚

八月に入って召喚があった。今度は詮議所《せんぎしょ》という所に入れられた。吟味与力の吉田百介という人が出て言った。「四人の者を獄に入れて厳しく尋問したところ、これまで偽り隠していたことを全部白状した。お前たちはどのように隠してもうまくゆくまい。罪の数々を全部白状しろ。聞いてやる」と大声を出していきり立てて言う。自分たちは、「たとえ四人のものたちが申したからといっても、私たちはそのような事はいたしておりません」と答えた。その時町奉行は突如として激しい怒りの目で睨《にら》みつけ、「お前たちは何者か」と問う。自分の名を言うと、ますます雷が鳴りひびくような大声を発して、「お前こそ名に聞えた旅籠屋か。さきにお前を獄に入れなかったのは残念であった。よし〳〵。いまにみておれ、牢に入れてやるぞ。残った者たちもさきの（牢に入れられた）四人のいう通りであるか。どうじゃ」と、あらあらしく袖をまくりあげ、はげしく追及する。そうではないと返答すれば即座に牢に入れられるであろう。とすると、命はないと人ごとのように思っていると、誰が答えるともなく、「そのような事をいたしました」と返事した。

そのご人々の郷里、また父親の名前などを問われて、その日は帰された。旅籠屋たちの帳簿を調査し多くの訴訟人を召集して、旅籠屋たちがさまざまな不正を働いたか否かを糺明したならば、（私のように）不正をしない者は罪になるはずはないと、今日までそれを唯一の頼みとしてきたのに、このような濡衣《ぬれぎぬ》を着せられてしまった。その口惜しさはとても言いあらわすことはできない。

判決をうける

同八月七日（五度目の召喚）町奉行の前で同様のことが糺問され、四人のもの、庄五郎とやらも牢から出して何某《なにがし》かに預けられた。

それ以後は召喚もなく無為に日が過ぎていった。去る水無月《みなづき》の末より旅宿の営業はやめて、もっぱら家に籠っていたので貯えも尽きてしまった。家の中には埃《ほこり》が積もっても掃除することもなく、瓦《かわら》が落ち障子《しょうじ》が破れても補修する方便もなく、秋の野もこれほどではないであろうというほど家は荒れてしまった。

一〇月六日、召喚されて（六度目）奉行所に出頭した。町奉行の前で下役人が口書《くちがき》（供述書）を読みあげた。そして吟味所に行って各人は口書に爪印《つめいん》を押して退出した。ただただ悲しみで胸がどきどきし、心は乱れ舌はこわばって物を言うこともできない。このときより夜は午前二時すぎには必ず目覚め、寝ることはない。一杯の食事すら無理に口へ入れても食べおえることはない。胸中ははなはだ痛んで幾度も嘔吐した。この時の苦しみを推察してもらいたい。

一〇月一八日、朝食を取ろうとしていたところ南隣の嘉兵衛という人が来て、「只今召喚（七度目）があった。急いで下さい」という。これを聞いて胸さわぎがして、食事は咽《のど》を通らない。急いで袴《はかま》をつけて外に出る。途中で甚介、弥右衛門などに会い、連れだって急いだ。

まず吟味所へ入り判決を告げられると言われた。下役人は一四人の名を呼び庁の内へ入れた。およそ一二時ごろであろうか。町奉行が出廷した。今日は旅籠屋の使用人で召喚されたものも出頭した。そこで町奉行は「家財没収、江戸払。江戸の内に徘徊《はいかい》してはならぬ」と宣告した。

旅籠屋の召使一五人は過怠《かたい》（罰金刑）となって家に帰された（この時甚介は手鎖《てぐさり》）。請状に爪印を押し、各人は奉行所を出て数寄門で各方面に別れ去った。……ようやく知人の家にたどりついた。ここより人をやって自宅の様子をさぐらせると、家には朝から二人の役人が来て、家の調度・衣服・竈《かまど》の奥までも調べて記録していったという。「妻子はどうしている」と問うと、「子供たちは隣の奥の家に居て泣いてばかりいる」という。

一九日早朝寅刻（午前四時）より起きて正覚寺に行き、父母や先祖の墓に今度の不孝を報告した。哲相院を訪ねるうちに夕暮となったのでそこに泊った。

二〇日……昔の召使人から武蔵《むさし》国の里に居住するところがあると聞き、それをたよりに行った。……四谷より新宿というところを越えて一里あまり行き、何がしという村に到着した。長年月ものあいだ人が住んでいない家のこととて、壁は破れ庇《ひさし》は荒れ雨風の夜は少しも寝られない（下略）。

江戸を離れる

雅望は江戸払によって成子に隠棲し、赦免されたのは文化九年（一八一二）であるという。同じ事件で江戸払になった駿河屋甚助が赦されたのは文化三年（一八〇六）であるから、雅望の赦免はそれより六年後ということになる。これは当時の慣例では、町奉行所ではより重く罰すべきであるとみなした左証であるといえる。

石川雅望は何ゆえに右のような苛酷な判決をうけたのであろうか。それは前述した公事宿の不正を一掃するためであり、老中《ろうじゅう》松平定信の指示によるものであるといわれている。とすると、寛政改革の一環として行われた、政治的意図によるものであり、その線に沿って行われた裁判であったといえる。

たしかに雅望をまきこんだ公事宿の一件は、関東郡代役所の支配との関連もあろう。その中番が処罰されたことは『御仕置例類集』にも見ることができる。

雅望の綴った『とはずがたり』は、当時の町奉行所の裁判の有様を鮮明に示している。嫌疑者、被疑者側からの実になまなましい貴重な記録である。

『世事見聞録』の裁判批判

江戸時代の裁判観

武陽隠士はその著『世事見聞録』（文化一三年序、一八一六）のなかで、「公事《くじ》訴訟の事」と題した一文を掲げている。江戸時代には随筆のたぐいは夥《おびただ》しいものがあるが、「裁判」について真正面から論じたものは少ない。滝川政次郎氏は武陽隠士なる者は、公事師ではなかったかと推測されているが、それほど当時の裁判の実態の裏面を語り、論評を加えた異色なものである。以下やや長文におよぶが、その大要を現代文に改めて記しておく。

元禄享保と当時の差違

現在公事訴訟の数の多い事は、元禄《げんろく》・享保《きょうほう》（一六八八―一七三五）のころにくらべると、一〇倍にもなるであろう。昔板倉伊賀守は、茶臼《ちゃうす》を挽きながら公事を聞いたという。そのころと比較してみると、元禄・享保のころよりは、きっと一〇倍ほどにもなっていることであろう。これは世の中に犯罪をおかす者がきわめて多いため、下々の者はお上《かみ》を凌《しの》ぐ悪智恵が増長し、奉行所に訴え出ることを気安く思うようになったためである。もっとも当世《とうせい》の混雑ぶりは幾千万とも数限りないけれども、そのうち公事になることは、千に一つもあるであろうか。それは失費と日時のかかりすぎるのを嫌うためである。また上より穿鑿《せんさく》すべきことも、なるべく省略しているが、それですら公事出入りの数は多く、中古の一〇倍となっている程である。

公事出入りのわけも、一〇〇年以前とは趣意が違っている。昔は義理の筋違いを強く争ったが、今は人の道理にかまわず、損益利欲の事だけで争うのである。元禄・享保のころより利欲の工夫やたくらみが始まり、それ以来一〇〇年の間、段々奢侈《しゃし》がつのり、利欲がさかんとなるに従って悪智恵はますます増加する世の中となって、互いに虚偽《うそいつわ》り、相手をおとしいれる工夫をするようになった。

当時の公事訴訟

当時の公事訴訟は、まず最初の訴訟の文面にも虚偽りが多く、わずかの事も勝手次第に大騒ぎに申したてる。また相手方も訴訟人の偽りを打ち、これまた勝手次第の偽りを申しかけて返答する。これが当時のならわしとなっている。

原告と被告の対決の時も、悪人の強さと弁舌の巧みなのが優先するようになった。十分に強情をはり、十二分に工夫して相手をはかりごとにかけるため、実否の見分けが困難である。人を欺《あざむ》くことや、他人の印形《いんぎょう》を偽造・盗用するたぐいの裁判であっても、欺く者よりも欺かれた方の者が、実は謀計であるという事もある風習もあるゆえ、裁判は困難であり、あるいは誤った裁判も生じるのである。

内済の奨励

さて右のようなぐあいで、当時の公事の多くは貸借損益の事ばかりで、結局は双方とも互いに優劣のない者の利欲のことであるから、善人と悪人とを区別することも、勝負を付けるほどの事もない事がらであるから、多くは裁判の途中で内済《ないさい》を勧めるのが当世の風習である。ところが内済とは、訴訟人と相手方が集まって相談をすることであるから、欲情の強く鋭い利口者が勝ちとなる。欲情の少ない悪智恵の少ない者が負けとなる。名主・五人組、あるいは仲人《なこうど》などが中に入って取り扱うことがあっても、我意強情な者をだまらせる事は困難なため、大方はその無理を通してしまう。善人や気の弱い者へ了解やいいわけをし、普通とは異なった言を加えて愚かなことをさせて、事をまとめてしまう。

これらも一〇〇年以前ならばお上も無理は通させず、仲人も強情を通させはしなかったが、現在は上下とも真情が薄く忍耐する気力も薄い世の中のことであるから、ほしいままに意地をはり通し、口先がうまくてよこしまな者が勝ちとなる。そして勝つと世をあげて利口者、器量ものと誉める風習であるから、世はひたすら強情で心がねじけていて口先の巧みなことが流行するのである。

内済の裏面

また当時は公事訴訟におよんでも右のように明白な裁判とならず、多分内済となってしまい道理上あるべきこともなく、そのうえ裁判の審議が思いのほか手間がかかるため、そのための日時や費用は容易なことではない。また当時の欠点で公事出入の支出費が多い。奉行所に出頭するおりの弁当代、帰路には料理茶屋で名主五人組やその他の附添人などを御馳走するのは常例である。

また裁判が終了すると、勝っても負けてもそれぞれに謝礼をしなければならない。もしも勝訴して多分の富を得たとしても、格外の礼をしなければならず、負訴となれば財産の差し押さえなどによって、とかく支出が多いのである。ことに内済となっても、その結末は各自の才能や力量によって終りにすることであるから、公訴しても無意味であり、たやすく訴え出ることはない。

右のような事情であって、どうしようもなくて千に一つも訴え出たところで、出費は多くかさみ、義理を十分明らかにすることなく終るため公訴することもせず、当事者どうしですませることであれば、なおさら人の道に違《たが》うことはこの上もないことであるのに、それで終らせてしまうゆえ、世の中の義理は次第に崩れていくのである。

また吟味役人も、前に述べたように公事数の多いためもてあまし、殊《こと》に急には善悪の判別が難しい事件もある。失費もかかるうえ厳密な裁判を行うほどのものではなく、たんに欲情者どうしの事であれば適宜に内済にするほかはない。その内済が成立するまでの間、公事人の仲介をするように双方をだましたり、あるいは慰めなだめたりすることが多い。疲労の結果、内済の仕方に道理にもとることがあっても、見ないふりや聞えないふりをしてなるべく内済にしてしまうのである。

三都の裁判

京大坂そのほか公儀より奉行所の設けられた所は、公儀訴訟をはじめ罪人の取り調べは行き届くべきであるが、当地の与力同心《よりきどうしん》は土地の人情風俗および以前からの仕来りなどは、巨細にわたって心得ている。

奉行はどこからともなく突然に就任する。不案内のことであるから、しばらくは彼ら与力同心らに任せておくこともあろう。あるいはその職・地位を無事に勤めあげて順調に江戸へもどり、より以上の立身出世をしたいものと将来のことを考えるのであろうか。または将軍から遠い地にいるゆえに、少々のひまを求めて保養をしようとする怠慢《たいまん》もあるのであろうか。いずれにせよ、その土地の役人のことを模倣するところがある。

それゆえに右の与力同心などにだまされ、馬鹿にされることが多い。ことに京大坂その他の地の侍たちの当時の風儀は、おべっか・軽薄・奢侈・欲情の深いことは江戸の風俗よりも大いに崩れている。皆々将軍の御威光を盗んで賄賂《わいろ》を取り、依怙贔屓《えこひいき》も甚《はなは》だしく非義非道を行っている。京大坂辺も当時は人殺しすら金銀のやりとりで、多くは内済ですますと聞いている。……江戸でも近頃は人殺しをしても、賠償金で内済にすましたことは三件ほどもある。

武陽隠士の慨嘆はまだ延々と続くのであるが、江戸町人に関する事を中心に摘出した。誇張もあろうが、当時の町奉行所を中心とした裁判をめぐる風潮と実態について、貴重なものといえよう。

治安と警察

三廻り

犯人逮捕の主役

町奉行所《ぶぎょうしょ》には各種の分担があり、裁判、警察についていえば裁判の職務に専任したのは与力《よりき》であり、捜査逮捕すなわち今日の警察的機能は同心《どうしん》の分担するところであった。同心だけで組織していた廻り方には隠密《おんみつ》廻り、定町《じょうまち》廻り（定廻り）、臨時廻りの三つがあり、総称して廻り方といったが、三廻《さんまわ》りと呼ぶこともあった。南北両町奉行所ともそれぞれが同心六人（のち増員されて一二人ずつとなる）をもって組織される。同心としては最高の役職であって、老練な同心が任命され定町廻りともなれば、同心としては一流であったという（石井良助『江戸時代漫筆』）。三廻りのうち最初は臨時廻りとなり、順次定町廻り、隠密廻りと昇進していくのが通常のコースである。すべての者が隠密廻りまで昇進することはない。たとえば天保改革当時南町奉行所の定町廻りであった人見周助（四代目柄井川柳）は、隠密廻りになることなく改革後辞職している。三廻りの同心は犯人逮捕の中心的存在であり、その主役であった。幕末の与力原胤昭《たねあき》はその回顧談のなかで、捕縛の術は同心たちは習練しても、自分は与力であったから習うことはなかったと述べている（「縄之伝極意」解題『刑罪珍書集』一所収）。同心は子供のころより捕縛術や十手《じって》術・柔術《じゅうじゅつ》などの練習にはげみ、犯人逮捕の任に当ったが同心のすべてが治安維持にあたったのではなく、三廻り同心の担当するところであった。三廻りの仕事は「捕者ならびに調もの」といわれ、盗賊などの逮捕ならびに探索を主とした。

三廻りは同心のなかで最高の地位であったが、さらにそのなかでも隠密廻りは三廻りの筆頭《ひっとう》であった。まだ江戸市中でも特別に権威あるものとみなされていた。

隠密廻りは三廻りの筆頭

「隠密廻は世上一般の風聞等を探索し、奉行の耳目《じもく》の助けとなる職掌である」「隠密廻は定式臨時廻りの筆頭であり、市中では格別に権威がある」（『天保撰要類集』四五ノ上）とみなされていた。その仕事の具体的な内容は、

一、将軍をはじめ徳川家について、いかがかと思われるような風評があれば報告する。

一、老中などより指示された事柄について、内密に調査して報告する。
一、武家方・町方はもとより、たとえ江戸を離れた遠国の事柄であっても、御当地（江戸）で噂の高いものについては、取りあえず真偽に関係なく報告する（『与力同心勤方大概』旧幕府引継書）。

とあるように、探索が第一の役目であり、市中の風聞・風説について敏感に把握して町奉行に報告する。あるいは町奉行より直接指示された事柄について、内密に調査して報告したりした。このように隠密廻りは犯罪者検挙よりも、むしろ市中の風評について調査し治安の維持・風俗取締りに重点がおかれていた。

隠密廻りの行動範囲はたんに江戸市中という町奉行の行政的地域の範囲内に限定されることはなかった。たとえば天保《てんぽう》五年（一八三四）七月、相模浦賀《さがみうらが》湊《みなと》に下り米積入廻船《こめつみいれかいせん》が数日も滞船しているという風聞があった。そのため南北両町奉行所より二名ずつ合計四名が現地に急行し、さらに下田《しもだ》にまで赴いて取調べをしたことがある。このように隠密廻りは奉行の耳目となり、また手足となって探索するのが主要な職務であった。右の四人の隠密廻りの同心は「組廻り方の内、格別事馴れ御用弁よろしきもの」であったから派遣されたとある（『天保撰要類集』四五ノ上）。

国芳の行状探索書

さらに老中の指示により隠密廻りが浮世絵師《うきよえし》歌川国芳の行状を探索した事例を紹介しておきたい。それは嘉永六年（一八五三）六月ペリー来航後二ヵ月を経た八月のころ、江戸では国芳画の大津絵「浮世又平名画奇特」（二枚続）に描かれた多くの人物などを指して、さまざまな風評が広まっていた。図中の「なまず」はアメリカ人、「雷」は大筒稽古にアメリカ人を風刺したものである。あるいは「福禄寿《ふくろくじゅ》」は一三代将軍家定、「鬼」は一二代将軍家慶、「藤娘」は新御台所《みだいどころ》又は姉小路、「やっこ」は紀州侯又は老中《ろうじゅう》阿部伊勢守正弘などと（『藤岡屋日記』）、人々は各人が思い思いに種々様々に勝手に判断し、噂が広まったため市中では大評判となった。八月一日のころより大売れに売れて、毎日一六〇〇枚あて摺《す》るほどの売れゆきであった。国芳の意図は不明だが目的とする似顔は浮世又平＝四代目市川小団治。雷＝浅尾奥山。鷹匠若衆＝中村翫太郎などといわれている。

右の大津絵の評判があまりにも高いため、老中阿部正弘は町奉行に調査を命じた。そこで国芳の行状が隠密廻りによって探索された。その探索書によると右の大津絵は、六月六日正規の手続きを経て掛名主の改印を受けたものであり、改印後の加筆もなかった。また国芳の行状も特にとがめだてするほどのこともないとある。そのため町奉行所としては国芳や板元を厳罪にすることはできなかった。しかしとりあえず掛名主に販売の中止、板木と摺溜の没収を命じた。

右の隠密廻りの探索報告書はすでに鷹見安二郎氏の「国芳の行状探査書」(『浮世絵界』四ノ七)によって紹介され、筆者も以前ふれた(『幕末江戸の文化』)ところであるが、右の隠密廻りの報告書のうち国芳の行状の一部について、鷹見氏ならびに筆者も触れ残した部分があるので、この機会に記しておきたい。

それは同年六月二四日、下柳原同朋町続新地(現中央区)の料理茶屋河内屋で書画会が開かれたおりのことである。隠密廻りの探索報告書には、国芳は三〇畳敷の紙に『水滸《すいこ》伝《でん》』のある人物を「みご箒《ほうき》」(鈴木重三先生の御教示による)で描き、そのくまどりには手拭《てぬぐい》を墨にひたして始めたが、あまりにも紙が大きいので手間取ったため、着ていた単《ひとえ》物《もの》を脱いで墨にひたし、裸となってくまどりをした。それは職人仲間の下俗の通言「きほひもの」の性格であると記述している。右は従来伝承されてはいたが、はからずも隠密廻りの探索書によって事実であることが裏付けされた。国芳の性格の一端を示すものとして、貴重なものといえよう(『市中取締類集』書物錦絵之部四)。

定町廻り

定町廻りは古くは町廻りといわれ、寛文二年（一六六二）に設けられた。江戸市中を毎日きまった道順を巡回するところから生じた名称で、略して定廻りともいう。昼は四ツ時（午前一〇時）、夜は暮れ六ツ時（午後六時）の二組にわかれて芝筋・本郷筋・麴町筋を巡見し、主として火元の監察に当った。明暦三年（一六五七）大火後の防火対策の一つであったと思われる。しかし享保六年（一七二一）からは風俗取締りに重点がおかれるようになった。

天明八年（一七八八）三月、南町奉行山村信濃守良旺《たかあきら》の申渡しの大要は（『与力同心勤方大概』）、

一、葵の紋を着用
一、小間物類その他諸道具に葵の紋を付す事
一、諸物について、新規のものを調査
一、隠売女の事
一、芝居や新吉原町の見わけ
一、博奕《ばくち》のこと
一、現在の事柄を読本《よみほん》に作ること

一、すべて町中での評判
　　但、虚説であっても報告のこと
　一、我々の事についての善悪の噂（下略、前掲書に同じ）
右のような事柄について取締るようにと指示している。そのご寛政八年（一七九六）二月、南町奉行坂部能登守広高の申渡しなどによると、その大要は市中での法令違反者の摘発・逮捕、風評の探索が主要な役目であった（前掲書に同じ）。

　廻り方同心は頭髪を小銀杏《こいちょう》という独特の結い方をした。一名八丁堀銀杏といい、三角に木の葉の形をした独特のもので、一目でそれとわかる姿であった。市中を巡回するときは奉行の紋所のある丸羽織《まるばおり》を着用し、腰に大小と緋房の十手をはさみ、晴天のときはバラ緒の雪駄《せった》を、雨天のときは下駄であった。通常一人の供、二人の岡引《おかっぴき》を従えていた。供はめくら縞の看板（半天《はんてん》）にめくら縞の股引、頸《くび》に御用箱を背負い、腰に木刀を挿し、晴天なら草履《ぞうり》、雨天なら草鞋《わらじ》であった。巡回の途中各所の自身番《じしんばん》に立ちより、今日は何事もなきかと問うのが通例である。もし盗難届などがあればこれを受理し、また容疑者が拘束されていれば尋問した。そして釈放するか町奉行所に送るなどの処置を行った。

臨時廻り

臨時廻りは、定町廻りの多忙を補うために設けられた役職であるといわれている。寛政四年（一七九二）の『萬世江戸町鑑《えどまちかがみ》』には、南北各四名合計八名の名前が記されてある。臨時廻りは定町廻りのように定まった道順を巡察することなく、臨時に各方面に出かけた。臨時廻りは捜査権のみで逮捕権はなかったという説があるが、それはつぎに記すように誤りであろう。

寛政一一年（一七九九）の臨時廻りの職務について記した書付の第一条に「火付盗賊其《その》外怪敷者《ほかあやしきもの》」の情報が入ったら、直《ただ》ちに「召捕」るべしと記されてある。また捕物に際しては一腰または無腰で変装する場合もあるとするほか、村々であっても犯人逮捕の命令があれば、即日出発することなども記されている（『与力同心勤方大概』旧幕府引継書）。これらにより臨時廻りは定町廻りの補助のほか、違法者などの逮捕を主とする職務であったことは明らかである。

天保改革と臨時廻り

天保改革が始まって間もない一二年（一八四一）一〇月、北町奉行所の市中取締掛与力東条八太夫ほか一一名が連名して、廻方《まわりかた》同心両三人（南北で六名）を風俗掛に仰せつけられたいと、町奉行の遠山景元《かげもと》に願いでている。これは直ちに翌一一月許可となり、江戸市中の風俗取締りはしだいに厳しくなっていった。

そして廻り方の者は悪党を捕えるだけでなく、市中の盛衰や下情の風俗なども報告するよう命じられた。享保・寛政の奢侈《しゃし》禁止令を集成した町触《まちぶれ》が公布された。禁止の対象となったのは菓子・料理をはじめ、能装束や玩具の類にまでおよんだ。なかでも婦人の衣服や装身具については具体的に指示されている。小袖表一つ代銀三〇〇匁《もんめ》、染模様小袖一つ代銀一五〇匁以上の品の売買を禁じ、くし・こうがい・髪かんざしなどの装身具の価格にも制限を加えた。

禁制の本繻子《じゅす》の帯をしめ、大丸から買った紅の本絹を持って歩いていた若い女性は廻り方に見つけられ、衆人環視のなかで着物をはぎ取られたという。翌一三年三月には町家の娘たちだけでなく、身分ある武家の場合の扱いについて三廻りより町奉行宛に伺《うかがい》書《しょ》が提出されている。それは御目見《おめみえ》以上または諸藩家中の妻や娘の取扱いについての問いあわせであった。これにたいして遠山は町家の場合と同様に名前を問いただすべし。もし返答がなければ見え隠れに尾行して問いただすべしと指示している（『市中取締類集』四）。

身分ある武家の妻女にも厳しく取締るよう指示しているほどであるから、廻り方同心らは町家の子女には遠慮なく取締ったことであろう。そのため先述したように町の往来で婦女の着物をはぎ取るといったような行きすぎた行為が生じたのであろう。一二年七月北町奉行所廻り方の遠山景元宛上申書には、南町奉行所の廻り方とくに臨時廻り方の行きすぎを報じている。その大要はつぎのとおりである。

内密にお耳に入れておきたい覚書

一、（前略）南三廻りは御差図によるのか、あるいは自分たちだけの考えによるのか理解し難いのですが、（市中婦女の）衣服取締りの心得かたは、統一性がなくばらばらの様子である。そのため判断に迷っている者もある。このあいだも華美な身なりをしていた婦人を召し捕えたなどの風説もあるやのよしです。

一、せんだって米価高直《こうじき》のおり、身もとよろしき町人どもに上ヶ金（献金）するよう南臨時廻り、そのご同定廻りより内々に申し諭《さと》したが、不伏《ふふく》の者は多いようです。

一、当年は花火が二度ほどある。かねてより相図同様の花火には禁止のお触れはあるが、年来の仕来りで花火は行われている。ところが時節がら大げさであるとの理由で、南臨時廻りより以後厳しく申し渡されたということであります。

右の通りで、南臨時廻りは先走りすぎる様子であります。隠密廻り、定廻りたちの打合せが宜しくないのであろうかと承っております（『市中取締類集』一）。

とある。南町奉行所の三廻り、とくに臨時廻りの一連の諸行動は行きすぎであると、北町奉行所の三廻りより批判の声が上っているのである。これは異例のことである。しかし同年末南町奉行は目付《めつけ》より転じた鳥居耀蔵《ようぞう》となり、風俗取締りは一段と厳しくなったと伝えられている。

その二年後には老中水野忠邦《ただくに》は失脚し改革が消滅すると、弘化二年（一八四五）一一月二五日、突然、南町奉行所の隠密廻り同心小倉朝五郎は老中牧野忠雅の指示により追放された。町奉行所の一同心が老中指図で追放となるのはまさに異例というほかはない。その文書は左の通りである。

（朱書）弘化二巳年十一月廿四日遠山左衛門尉殿被仰渡《おおせわたされ》候

小倉朝五郎

場所不相応ニ付御暇申付ル

右は牧野備前守殿　被仰渡之《これをおおせわたされる》

（朱書）一、小倉朝五郎儀巳十一月廿四日御暇被仰渡廿九日御組屋敷引払候旨支配与力中村八郎左衛門ゟ《より》御届有之《これあり》

（『与力同心』四、旧幕府引継書）

とある。ある回顧談のなかに、臨時廻りはもと定町廻りを勤めたようなものを引上げて臨時廻りにするために、臨時廻りのほうが定町廻りよりも少し格が上であり、事実臨時廻りの方が権力もあり、またすべて威勢もあった（今泉雄作「廻り方の話」『江戸生活研究』第二年六号）とある。

しかし『与力同心掛り名前』（旧幕府引継書）によると、南町奉行所では天保末より嘉永にかけて八人の定町廻りのうち大関庄三郎・宍戸郷蔵・渡辺喜兵次の三人は臨時廻りより昇進したものである。臨時廻りの三人は定町廻り格の待遇をうけ、まもなくそのうちの一人は定町廻りになっていることなどから、臨時廻りよりも定町廻りのほうが上位にあったことは明らかである。また北町奉行所でも文政三年（一八二〇）年寄同格で臨時廻りであった中田海助と岡本三右衛門の二人は文政一一年（一八二八）には定町廻りとなり、岡本三右衛門は年寄《としより》になっている。文政一〇年添物書助役で臨時廻りであった山本兵太夫と若同心で臨時廻りの高柳次郎左衛門の二人は天保一三年（一八四二）には定町廻りとなっており、山本兵太夫は年寄に高柳次郎左衛門は物書にそれぞれ昇進している（「南北姓名書」「北組与力同心姓名帳」「北組与力同心姓名書」）。定町廻りよりも臨時廻りは格が上だとするさきの回顧談には疑問を呈せざるを得ない。

丸橋忠弥の逮捕

芝居などで著名な由井正雪《ゆいしょうせつ》の慶安事変の主要な一味であった丸橋忠弥は、当時江戸で道場をかまえ槍《やり》の名手として知られていた。忠弥の逮捕について町奉行所《ぶぎょうしょ》の記録である『捕物帳』（旧幕府引継書）には、大要つぎのように記されている。

石谷将監殿御代
慶安四年卯七月廿四日夜
一丸橋忠弥　御褒美
銀八枚ト刀　此方同心
一疋地六左衛門

銀六枚ト脇差二　同　堀江喜左衛門

右の者お茶水の上、御中間町に罷《まか》り在り候牢人徒党一巻の者、弓打藤四郎案内にて、両方より同心《どうしん》二十四人前後二手に分け参り、先手にて召し捕へ申し候。すなはち此方御番所において、御両所御寄りあい、其の上久世大和守殿、牧野佐渡守殿御出座にて、一二の者を召し出され、御前にて御褒美《ほうび》銀下され、其の上将監殿より一ノ手へ時服弐、二ノ手へ時服壱下され候

先手検使　辻　小兵衛
　　　　　原　兵左衛門
後詰検使　神谷金太夫
　　　　　羽田長右衛門

とある。町奉行石谷将監貞清の直接指揮のもと、南北両町奉行所の同心二四人が前後の二手にわかれて（先手と後詰）逮捕にむかったのであった。これより先、石谷貞清と神尾元勝の二人の町奉行が寄りあい、協議している。丸橋忠弥捕縛の様子については、

丸橋忠弥は十文字の鑓《やり》に名を得し者なり。其軽卒なるを伊豆守思惟して、両町奉行へ下知し、夜陰《やいん》に態《わざ》と忠弥が家の四方《よも》に人を配り、二階の戸口にも人を置て、大竹をひしがせ、火事よ〳〵と呼はらせけるに、忠弥近火と心得て、二階より覗《のぞ》く処を、踏込搦《からめ》けるとぞ（『翁草《おきなぐさ》』巻七二）。

とある。また『甲子夜話《かつしやわ》』（巻八九）には『遺老物語』より引用して、

丸橋方へ其夜石谷将監殿向はれける。大切の囚人なりければ、組下の者共の中へ打交りてぞ急がれける。密《ひそか》に相借屋のものを語らひ、忍び〳〵四方を堅め、火事と云事を相図に踏込べきよし云ひ合せ、将監殿は草鞋《わらじ》をはき、鉢巻を堅くしめ、忠弥が左隣の家にぞ扣《ひか》へられける。時分こそよしと相壁を騒動させ、火事よ水よとのゝしり騒がせければ、忠弥が寝耳に入て、女房を起しひとへ帯をしめ、刀を取合さず走り出けるぞ、忠弥が運の極なる。次に臥《ふせ》たる八蔵も急ぎ驚き、連て飛で起、戸をさらりと明るやいなや、一番手馬込弥左衛門、忠弥にむづと組《くみ》、忠弥はつと思ひながら、丸橋に手向ふきやつはけなげ者かなと、弥左衛門をかひつかみ二三間《げん》投出し、取り返すを、二番手、三番手、落合々々終に縄目のはじにぞ及びける。哀れ、忠弥程のもの、やみ〳〵と生捕《いけど》られぬる。天命の程こそ鏡なれ。

是等も書き綴《つづり》たる者なるが、何か拠る所ありし者と見ゆ。いかさま時態はかく有たるなる当《べ》し。されど捕て一番手の名氏は前記と異なり、いかゞ（下略）。

右に引用した二種の記述にはやや異なるところもあるが、ともに忠弥宅を囲み、火事だ火事だと騒がせて捕えたことは共通している。忠弥は槍の名手であるにもかかわらず、犠牲者もなく前述したように褒賞をうけているところをみると、その実態は意外にあっけなく捕縛をみたようである。

忠弥残党の逮捕と目明し

丸橋忠弥の捕縛をみてから約二ヵ月後の九月一三日夜、両町奉行所の同心二四名が前後二手にわかれて、一味の残党である三宅平六、藤江又十郎、戸次庄右衛門、林戸右衛門など六人を捕えた。前掲『捕物帳』によると一味の残党三宅平六は土岐与左衛門と相宿で芝久右衛門町二丁目に居住していた。また林戸右衛門ほか二名は芝札之辻二丁目にいるとの訴人《そにん》があった。一三日の夜同心らはまず平六を捕えた（土岐与左衛門は逃亡）。そこで平六と与左衛門の小者（小兵衛と権之助）を目明《めあか》しにして三人の逮捕にむかった。このおり林戸右衛門は後詰の同心たちのなかに切りこみ、大勢に傷を負わせている。同心のうち三人は深手、三人は手負とある。このおりの褒美銀一〇〇枚は両町奉行所で折半し、負傷者に分け与えた。

右の『捕物帳』は続けて、夜盗の頭巾《ずきん》長左衛門を捕えたのは「目あかし喜兵衛」の訴人によるものであった（寛文九年、一六六九）。また盗人のだうつき八左衛門を捕えたのは「一時長兵衛」という目明しの訴人によるものであった（延宝《えんぽう》元年〈一六七三〉）。先述した小兵衛・権之助の場合は、まず自らが捕えられたこと、また道案内その他の情報を提供した「目明し」であり、おそらく刑を軽減されることを前提としたものと思われる。このようなことは古代より見られることで「放免《ほうめん》」「首代《くびだい》」「訴人」などと呼ばれていた。後者の「目あかし喜兵衛」や「一時長兵衛」は、職業的目明しであったとはいえないとしても、一般的に「目明し」はやがて特殊業務者としての性格を色濃くし、さらに特定の役人なり奉行所と密接なつながりを持っていったと思われる。

一七世紀の目明し

南北両町奉行所の三廻りをあわせても二〇人前後の人数では、町方人口五〇万人以上を擁する江戸の治安維持を保つのは不可能であることはいうまでもない。彼らは犯罪の捜査や犯罪者の逮捕を目明し（岡引《おかっぴき》・手引）と呼ばれるものを使用して、はじめてその任務を遂行することができたのであろう。

江戸では天和《てんな》三年（一六八三）に「目あかし」が町中で理不尽なねだりがましいことを行っているのを取締る令がでている。また火附盗賊改の中山勘解由《かげゆ》直守《なおもり》（天和三―貞享《じょうきょう》三（一六八三—八六）は、仲間を密告したかぶき者の死罪を免じて目明しに起用し、江戸中を歩き回らせてかつての同類を捕えさせたという。これらにより江戸では少なくとも一七世紀中ごろには目明しの存在が認められる。『御当代記』にも「目あかしといふもの有、是等類多、訴人すれば死罪をゆるされ、江戸中をあるき知りたるいたつらを見付てとらする役人也」とある。急速な発展途上にあった江戸では、かぶきものをはじめ無頼《ぶらい》の徒を逮捕するため、右のような目明しを早くから必要として使用していても少しも不思議ではない。貞享二年（一六八五）当時火附盗賊改中山勘解由直守召抱の訴人（四人）は、いずれも悪者で諸人に難儀をかけていたため、四人とも扶持を解き放された（『市中取締類集』四）。四人の名は、やきもち丸兵衛・劒崎勘左衛門・なんてん四郎右衛門・いとの七郎兵衛とあり、その名前からして通常の者ではないことが容易に想定されよう。

目明しから岡引・手先へ

幕府は正徳《しょうとく》二年（一七一二）評定所《ひょうじょうしょ》への達しのなかで「近年以来、罪悪極重の輩をたすけ置、目明し口問《くちどい》など、名付」けた者の使用を禁止している。この正徳二年以降、とくに享保期には目明しの使用をたびたび禁止した。そして「三番所ニハ目明シ壱人も無」（享保二年）、「目明シと申者、諸奉行所加役方共無之」（享保五年）などと町触《まちぶれ》して偽目明しの取締りを命じているのをみても、当時いかに偽目明しの類が多かったかがうかがわれる。そして町奉行や火附盗賊改の加役《かやく》方などでは「目明し」は使用せず、もはや目明しは存在しないことになっている。

しかし宝暦九年（一七五九）になると「目明し」にかわって「岡引《おかっぴき》」なるものが出現している。「岡引と申候ハ、平人にても科人《とがにん》にても悪者壱人差しさだめ、岡引と名付けて（悪人の居所などを）手引きさせ、其の者（岡引）の罪を免シ、ほか科人（犯罪者）を召捕候」（『徳川禁令考』前集三）とあって、岡引なるものは目明しと同様の仕事に使用していたことが知られる。

寛政元年（一七八九）四月、松平定信は町奉行・勘定奉行・火附盗賊改にたいし、目明し・岡引の使用を禁止した（『徳川禁令考』前集三）。しかし目明しで捕われたのは小者ばかりであったという。

そのためか一二年後の享和元年（一八〇一）には、加役方で「近頃手先と唱え、目明同様のものを専ら召しつかい、捕もの等いたし候」という状態であった。その手先には無宿者や追放されたのち立ち戻った者などがいた。つまり目明しは禁止されたが、手先はあくまでも手先であって目明しではないからよかろう、という論なのであろうか。正徳二年以降法的には目明しは存在しなくなったが、かわって岡引が出現した。その岡引も禁止されると、今度は手先と称するものが出現しているのである。名称は目明しから岡引へ、岡引から手先へと変っていっても実質は同じであった。彼らはたとえ犯罪者でなくてもそれと酷似《こくじ》したものであり、幕府の権威をかさにきて庶民を苦しめたことは諸書にみえるところである。また町奉行所の記録のなかにも手先の悪業を記したものが少なくない。

岡引の大量逮捕後の実態

江戸市中の悪人逮捕には、あまりにも少数の町奉行三廻りでは不可能である。情報提供をはじめ逮捕に際しても岡引の類を必要としたのである。『享和雑記』によると町奉行は岡引の廃止に反対し、その存続を願いでたが上司に拒否されたという。

享和元年には岡引を残らず逮捕して根絶するよう命じられ、数百人を入牢させて旧悪をただした。ところが間もなく「あらかせぎ」という盗賊が出現し、世の中が騒がしくなった。下谷《したや》や三輪《みのわ》などで夕暮になると女子の持物を引ったくるのをはじめ、やがて両国などの盛り場で昼ひなかでも、よい身なりの女性を打擲《ちょうちゃく》して櫛《くし》やこうがいを奪う。男であれば眉間《みけん》を拳でなぐりつけて懐中《かいちゅう》物や腰にはさんだ品を奪取する。あるいはいきなりなぐりかかって金銭や品物を強奪する事件が頻発《ひんぱつ》するようになった。さらには徒党《ととう》をくんで両替屋や質屋に押入った。これらあらかせぎの頭は万力善次といい、年に一度か二度は前もって手下を各地に置き、様子を探っては大勢で乱入し、一〇〇〇両、二〇〇〇両と奪った。これにも「岡引なき故、行衛尋ね求むべき手段もなく、徒《いたずら》に日を過」すという有様であった。やがてこの万力善次は下総《しもうさ》の銚子《ちょうし》にひそんでいたのを捕えても、その残党は多く「此処《ここ》かしこで物騒《ぶっそう》なる事、甚し」という状態は続いた（『享和雑記』）。

新吉原の目明し

目明しや手先の類を必要とする特殊な地域に新吉原がある。そのためか享和のはじめ（一八〇一）には五人の新吉原町店廻りと称するものがいた。それは坂部能登守広高の町奉行在職中（寛政七—八年）のときからといわれ、五人の給料は新吉原町で支払っていた。町奉行所ではとかく便利なため、新吉原町以外の地でも犯人逮捕のおりには彼らを使用していた。しかしまもなく五人は新吉原内に居住させ、新吉原以外の地で犯人逮捕には使用しないこととした。

ところが天保一三年（一八四二）一二月当時、深川その他の料理茶屋で抱えている出方のものを町奉行所や加役方では捕物などの取調べに使用していた。町奉行（遠山景元《かげもと》・鳥居忠耀《ただてる》）から老中水野忠邦宛《ただくにあて》の上申書によると、手先の人数は南北両町奉行所あわせて一五〇人いるが、少なくとも双方一〇〇人の手先を市中に散在させておかないと探索や捕物は困難である。その手当は過料銭（罰金）や欠所地上り高（没収地からの地代）より支給していた。しかしその金額は少ないため人数はしだいに減じていると、手当金の増額を願いでている（『市中取締類集』四）。つまり料理茶屋抱えの出方を三廻りが公然と使用し、給料を公費で賄《まかな》いそれが不足であると老中《ろうじゅう》に増額要求をしているのである。以前とくらべあまりにも大きな相違である。

岡引は給金取り

弘化二年（一八四五）二月、老中阿部正弘から町奉行・勘定奉行宛の達書《たっしがき》には、岡引の不正についてつぎのように指摘している。

町家で何か催しものがあると、俗に岡引というものが「防」と名付け、多分の金銭を貪り取る。この岡引が調査したことを市中取締名主は専ら使用するだけでなく、売女屋取払い後は町奉行所に申請して、欠所金の内より毎月岡引に手当を支払っている。それゆえ市中では岡引のことを奉行所給金取りと言っている。彼らは町役人と同様に恐れられ、店開きなどには彼らに相応の贈物をしなければならないような風儀となっている。そのため岡引たちは我儘《わがまま》不正を働き、平日は食客たちを大勢置いて、町内で贈物をしない者があると悪計をたくらみ、仇をうつので市民ははなはだ迷惑している。俗に岡引は放蕩《ほうとう》無頼の悪者で以前より存在するが、今もって町奉行所では使用し毎月手当金を支給している。これは御威光に拘ることであるから、今後は使用してはならない。

これにたいして同じ二月北町奉行市中取締掛より町奉行宛上申書には、つぎのようにある。岡引は南北両町奉行所の同心や火附盗賊改役のものが、悪党穿鑿《せんさく》のため古来より使用し探索させてきた。売女屋で召抱えていたが、売女屋が取払いになった後は給金を与える者がなくなり、犯人逮捕に支障が生じてきた。そのため南町奉行鳥居忠耀が老中水野忠邦に上申し、欠所地面地代を手当金として南北両町奉行同心と火附盗賊改に渡し、同心より手当を彼らに支給するようになった。もとより岡引は良民ではなく、いずれも無頼者であるが、今後岡引を廃止すると犯罪の探索・犯人逮捕に支障が生じるので、まずはそのまま差し置きたいとある。

また同年一〇月の南町奉行所三廻りの上申書では、岡引という者はいずれも若年の頃より賭事を好む者か、または悪党と交際している者のうち、段々と行状の直った者に手当を支給する。そして盗賊や悪党の見聞、お尋ねもの、探しもの等を専らにする者どもである。職掌柄悪評はあるが不正の事実はないであろうと弁明につとめている。

二年後の弘化四年（一八四七）老中阿部正弘より渡された「市中風聞書」には、岡引は与力同心の手先となって働く。ことに（天保）改革の時より表向きのものとなり、給金と同様の手当があるため心得違いをするようになった。町役人より岡引の方が権威が募《つの》り、たとえ町役人が不承知でも岡引さえ承知すれば、少々の悪事は見て見ぬふりをする時勢になったと指摘している（以上、『市中取締類集』二）。

佐藤一斎の財布が戻る

右のように岡引はその性格上、犯罪者やその同類の行状や彼らの動静についての情報に詳しかった。幕末ころの話であるが、つぎのような挿話がある。儒学者《じゆがくしゃ》の佐藤一斎がある大名から漢詩の添削《てんさく》をたのまれ、朱を入れて訂正したのを懐中の紙入れ（財布）に入れて出かけた。その大名邸の近くで小僧のようなスリに会い、紙入れを取られてしまった。そこで一斎は知人の南町奉行与力《よりき》佐久間長敬《おさひろ》のもとに駈けこんで一部始終を話し、何とか漢詩の取りもどしが出来ないものかと依頼した。佐久間は同心に頼み、同心は岡引の親分のもとに使を走らせた。一斎は佐久間に酒肴《しゆこう》のもてなしを受けているうちに、紛失した紙入れが金とともに朱の入った漢詩の原稿が戻ってきたので、一斎は喜びとともに、腰を抜かすほど驚いたという（『佐久間氏襍稿《ざつこう》』東京都公文書館蔵）。

幕末の手先と下引

幕末の文久二年（一八六二）一一月老中板倉周防守勝静《かつきよ》より町奉行（小栗忠順《ただまさ》・浅野長祥《ながとし》）への令達には、

其《そ》の方ども組の者、手先に使う目明し岡引については、寛政度に令達したこともあったが、捕物のおりにはとかく右の者どもを使用する。それ故に近頃は右の者どもは自然と権柄《けんぺい》ずくになった。諸方面より依頼をうけるばかりか、その身は働かず下引《したっぴき》というものを使用する。その人数は次第に増して多人数となり、市中の人々を煩わせることがあると聞いている。以《もっ》てのほかの事である。一体捕物は町奉行のものが自分自身で逮捕すべき筈のところ、結局怠惰《たいだ》から手先を使用するようになった。また風聞探索等も他人に依頼するから、下々の者が心得違いをし、どうかと思われるような行為を働くことがある。以後は右様の長年にわたる弊害を必ず改革し、精々取締りを申し付ける（『順立物』文久十三ノ一〇二）。

とある。市中の治安維持の中核は三廻り同心より配下の手先に移り、彼らの手を借りなければ市中の治安維持という警察的業務を十分に遂行しえなかったことを明瞭に示している。手先たちによる悪弊がはなはだしくても、手先を廃止することはできず、流弊の改革を令するにとどまらざるをえなかったのである。当時の手先のなかには以前と趣を異にし、表向きは絵双紙屋渡世《とせい》であったり、刀脇差《わきざし》渡世で内職に手先をしているものもあった。あるいは表むきは医者であって、町奉行所と勘定奉行所の手先を兼帯するものもあった。

手先の生態については、慶応三年（一八六七）の南北改正掛（与力）の提出した風聞書

は詳細をきわめている。それによると、

手先又は下た引という者どもは、市中において種々の悪業を働いて町人たちを悩ましている。なかでも給金取といわれている手先のおもだったものどもは権柄ずくで、役人と同様であると心得ていて、俗に言う「ふところ手無商売」で、下タ引を子分となえ、方々に置き三四人も同居させ、下女等も召使って相応に生活している。自宅で博奕を催して寺銭を徴収する。女芸者ジゴクと唱える隠売女、そのほか立場の弱い渡世人はもよりの重だった手先のものへ金銭を贈る。あるいは些細《ささい》なことであっても見聞したことは、何かと事むつかしくいいがかりをつけて自身番屋《じしんばんや》などへ呼びつけ、定町廻り同心の指図によって取調べをする。役人には告げないこととして詫人などから金銭を貪り取り、勘弁してやるといって身柄を町方役人（名主・五人組・家守など）に引き渡す。町同心には盗賊かと思って調べたところ、悪事を働いていないことがわかったので身柄を町方役人に引渡したと申したてる。町同心なども気付いていても、重だった手先のすることであるから事をむずかしく扱うと、後々の捕物のさいに支障をきたすことになろうかと思い、みのがすため次第に悪弊がつのり町人たちへ迷惑がおよぶのである（『雑件録』三ノ一）。

とある。

手先・下引は一六〇〇人

慶応三年当時の南北両町奉行所の手先は四〇〇人近くあり、その子分である下引を加えると一五〇〇―一六〇〇人いた。彼らは無商売で生業もないまま町人どもを悩ませ金銀を貪り取るので、人々は内心奸賊《かんぞく》を憎み苦情が絶えなかった。手先への手当金は一ヵ月八三両余が深川・吉原より直接手先に渡され、その額は一ヵ月一〇〇〇両に達していた。

手先らは寄合《よりあい》茶屋とよばれる神田新銀町代地の松よし（南定《じょう》廻り手先会所）、同所の相屋（同臨時廻り手先会所）、山王旅所門前の高麗屋（北定廻り手先会所）、南茅場《かやば》町の若松屋、富嶋町一丁目の富しま（ともに北臨時廻り手先会所）に毎朝集まって盗賊引合の者を取調べ、まるで手先の役所のようであった。また調番屋といって定式四人を取調べる自身番屋が市中に八ヵ所あり、その付近に引合茶屋が七軒あって、ここでも引合の者を取調べ金銭を差出すものは事件から除くというようにさまざまな不正を働いていた（前掲書に同じ）。

これらにより手先あるいは下引が自由勝手気ままに町人を自身番屋に連行し、あるいは容疑者であると称して取調べをしていたことが判明する。奉行所としても手先らの不正行為を知りながらも使用せざるをえなかった制度的欠陥、ならびにそれから生じる悪影響は余りにも大きかったといわざるをえない。なお目明し（岡引・手先）は町方・在方《ざいかた》を問わず存在していた。江戸では町奉行のほか火附盗賊改方でも使用しており、在方では関東取締出役の用いた道案内がこれに当るのである。

火附盗賊改

火附盗賊改のはじまり　江戸の主要な公的捜査機関は、町奉行《ぶぎょう》および火附盗賊改《ひつけとうぞくあらため》配下の吏員《りいん》であった。このほか寺社奉行は自己の家臣のなかから寺社役（四ないし五名）、寺社同心《どうしん》などを任命した。寺社領内などの犯罪捜査を行い罪人の取り調べ、処刑などを行った。しかし捜査力が弱体であったため、犯人逮捕のおり町奉行所の協力を求めることが往々にしてあったようである。これにたいして火附盗賊改は配下の与力・同心のほか「御馬先召捕」といって、火附盗賊改自身が市中を巡視し犯人を逮捕することもあった。

寛文五年（一六六五）一一月、先手頭小野左衛門守正に関東強盗追捕を命じたのが、盗賊改の最初であるといわれている。しかしこれより早く先手頭の坪内惣兵衛定仮と安藤彦四郎直政の所属の吏に、町奉行とともに江戸市中巡邏《じゅんら》が命じられていた（『徳川実紀』）。火附改の任命は天和《てんな》三年（一六八三）正月、先手頭の中山勘解由直守《かげゆなおもり》の任命が最初とされる。元禄《げんろく》一二年（一六九九）一一月、盗賊改・火附改の両加役《かやく》はともに停止されたが、同一五年（一七〇二）から一六年（一七〇三）にかけて盗賊改、博奕《ばくち》改、火附改が復活し三分科となった。そのご享保《きょうほう》三年（一七一八）一二月以降は三分科の専職をやめ、安倍式部信旨と山川安左衛門忠義の二人の合議により、火附・盗賊・博奕のすべてを打ちこんで取り扱うようにした。元来は将軍配下の弓隊・鉄炮隊の一部を、江戸の警察機能の補充として転用したものであった。以後この制度が継続されたのである。恒常的なものは本役といわれる一名で、一〇月より翌年三月の冬の間だけは他の先手頭《さきてがしら》一名を増員し、本役を助けることもあった。これを当分加役といった。また増役ともいい、さきの冬季の場合は狭義の加役という。広義では火附盗賊改を加役といった。いずれも先手頭がその配下の与力・同心を率いて任に当った。江戸およびその周辺において火附・盗賊・博奕犯を捕え、かつ裁判するのである。前述したように町奉行だけでは治安を保つに十分でなかったからである。その好例は天明七年（一七八七）の江戸大打ちこわしの場合である。町奉行所は役に立たずその機能は停止してしまったのである。そのため長谷川平蔵宣以《のぶため》ら一〇名のものが任命され、急速に治安の回復をみることができた。

火附盗賊改は乞食芝居

前述したように火附盗賊改は市中を巡察し、火附・盗賊・博奕の犯人を検挙するのが主要な任務であり、大名や旗本《はたもと》御家人《ごけにん》など将軍直属の武士を除く陪臣、町人、僧侶、神官などの区別なく検挙する権限を持っていた。付属の与力・同心の数は時代により変化はあるが、本来の配下は与力は五騎、同心は三〇人ほどである。しかし改方を拝命《はいめい》すると他の先手頭より増員をうけ、与力一〇騎同心五〇人に増員をみた。そして犯人捜査をはじめ検挙・裁判も行った。安永二年（一七七三）一一月市中巡邏地域の分担を定めている。日本橋以北と以南に区分し、（一）神田、浜町、矢の倉、浅草、下谷《したや》、本郷《ほんごう》、谷中《やなか》、駒込、巣鴨、大塚、雑司谷《ぞうしがや》、大久保。（二）通町筋、八丁堀、鉄砲洲、築地、芝、三田、目黒、麻布、赤坂、青山、渋谷、麴町《こうじ》、深川、本所《ほんじょ》、番町とした。

火附盗賊改は配下の与力・同心のほか、火附盗賊改自身があらかじめ定まった道順に従って市中を巡廻したおり、時には犯人を逮捕することもあった。これを「御馬先召捕」と称したことは前述したとおりであるが、長谷川平蔵は巧みにこれを利用し、町の評判を高めていた。つまり内実は配下の者があらかじめ容疑者を捕えて自身番《じしんばん》に縛っておき、頭《かしら》の巡視のおりに頭が直接捕えたかのようによそおう事もあったという。町奉行所の場合と同様に、火附盗賊改にも非公認の目明《めあか》しは存在していた。

火附盗賊改はその屋敷（あるいは役宅）で牢問や拷問を行っていた。天保一四年（一八四三）のころの役宅は清水門外（内藤伝十郎屋敷跡）にあったというが、一説には役宅のできたのは文久三年（一八六三）であるともいう。元来火附盗賊改は町奉行に協力する立場にあり、逮捕者は町奉行所に引き渡すべきものであったが、自分の屋敷内に白洲《しらす》や仮牢を設け、拷問の道具なども備えていた。逮捕者を吟味《ぎんみ》することも多く、町奉行所との権限の境界は必ずしも明確ではない。しかし諸施設は町奉行所と比べてはるかに小規模であった。そのために江戸の町では町奉行所は檜《ひのき》舞台の大芝居、火附盗賊改は菰《こも》張り小屋の乞食芝居と見立てられていた。また火附盗賊改の対象となったのは狂暴な者が少なくなかったため、町奉行の与力・同心にくらべて火附盗賊改の配下の与力・同心はとかく手荒な扱いが多く、町人たちからは恐れられまた嫌われていたようである。

経費と組織・分掌

町奉行所の経費と火附盗賊改のそれとを比較してみると、町奉行所では享保一三年（一七二八）には金一六二八両余、天明六年（一七八六）には金四一二五両余、弘化四年（一八四七）には金六二四九両余と増加している。

これにたいして火附盗賊改のそれは享保一三年は金五〇両余、天明六年は九二二両と一度は大幅に増加したが、弘化四年には金三七〇両と減少しているのをみても、幕末のころはあまり重要視されなくなったことが裏付けられよう（石井良助『江戸時代漫筆』）。

寛政七年（一七九五）ごろの火附盗賊改の組織と分掌はつぎの表1・2のとおりである。老幕末の文久二年（一八六二）一二月、火附盗賊改は加役でなく専任の役職となった。その中支配で役高一五〇〇石、役扶持六〇人扶持の二人役となった。そのご同三年八月には二人役の組人数を一組にまとめて一人役とし、役扶持一〇〇人扶持と改め、慶応二年（一八六六）八月廃職とした。

天明の江戸打ちこわしと平蔵

天明二年（一七八二）以来、全国的飢饉《ききん》のなかで関東一帯も凶荒の波をうけた。江戸では安いときは銭一〇〇文で一升以上買えた米も月日を追うごとに高騰《こうとう》し、翌三年九月には一〇〇文に六合から五合五勺《しゃく》となった。約二倍の高値であり、盗人はおびただしく増加した。四年二月には一〇〇文に五合となり、無宿や菰かぶりが増加して江戸橋付近には二〇〇人余も集るほどであった。六年には関東大洪水がおこり、米をはじめ味噌・塩・大豆・麦・乾物類から日用品まで高騰した。七年になるころには一〇〇文に三合となり、五月ごろには店頭から米は消えた。

表1　火附盗賊改の組織

役所詰（内勤）

役所詰（与力三騎）	被疑者・証人・参考人を直接取り調べる上席の主任検事に相当
頭付（同心三人）	火附盗賊改の諸用秘書・付人
書役（同心九人）	火附盗賊改役宅の書物同心
差紙使（同心九人）	証人・参考人の呼出状（差紙）の取り扱い
雑物掛（同心二人）	犯行に係わる物品の領置、没収物・闕所の家財の取り扱い
溜勘定掛（同心一人）	火附盗賊改役宅の仮牢に留置の犯人を溜預けとする事務と、その食費・雑費を溜非人に支払う会計掛

表2　火附盗賊改の分掌

火附盗賊改　役宅　本所二ツ目　組屋敷　目白台

外廻り（外勤）

召捕・廻り方（与力七騎・同心七人）	犯人の探索・張り込み・逮捕の要員、配下に非公式な差口奉公（岡っ引相当）がいる。
届廻り（同心六人）	若年寄・町奉行・町年寄などとの連絡・調査要員
浮役（同心三人）	控えの同心で、病気その他の事由による欠勤者の代行予備要員

重松一義『長谷川平蔵の生涯』より。

その日稼ぎの極貧層は畳はもとより鍋も釜もない状態となった。身投げや首縊《くく》りが続出した。五月には両国橋の上から三歳と六歳の子供を縄でしばって水中に落とし、続いて親も入水《じゅすい》するという悲惨な状態が少なくなかったという。一方悪徳商人は米を買い占め、隠《いん》匿《とく》を続けたうえ、東北などへ番頭を走らせて大名や有力者と結託《けったく》して米の独占化に狂奔していた（北国米買上一件、五五頁参照）。

五月一八日本所扇橋辺、深川六間堀《ろっけんぼり》辺で多数の玄米屋・舂米屋《つきごめや》が打ちこわされたのが前ぶれであった。二日後の二〇日夜には赤坂、四谷、青山辺、二一日は昼ごろから芝金杉、本芝、高輪、新橋、京橋、南伝馬《てんま》町辺、夕刻からは日本橋辺、夜は馬喰《ばくろう》町辺、神田、湯島、本郷辺の米穀商は残らず打ちこわしにあった。

打ちこわしの対象となったのは、いずれも米穀の買い占めをはかり、あるいは売りおしみをした米穀商たちであった。二二日から二四日ごろともなると、江戸市内はもとより東は千住宿、西南は南品川・四谷・新宿・渋谷、北は板橋、さらに本所深川は海ぎわにおよぶまで全市にわたって昼夜の別なく打ちこわしが波及した。

鬼平の登場

町奉行山村信濃守良旺《たかあきら》は鎮静にのり出したが手にあまり、怪我《けが》のないうちにと帰ってしまう有様であった。「西河岸辺では三百五百の組を立てたるあふれ者、大瓦など積みまうけ……近付けば打ち殺すべしと、口々にの、しりし故に、両奉行（曲淵《まがりぶち》甲斐守景漸《かいのかみかげつぐ》と山村信濃守良旺）も、すご〳〵と引きとりぞ」（『兎園小説《とえんしょうせつ》』）とあるように、江戸市中は全くの無警察状態となった。

二四日には打ちこわしをする者や見物人までも逮捕するという、つぎのような町触《まちぶれ》が出た。

一、町々におゐて此《こ》の節騒立《さわぎたて》候者は、いか様にもいたし町内に召捕り候て、訴え出るべく候。捕り違えは苦しからざること。

一、所々狼藉《ろうぜき》いたし候場所へ見物人多く出、右見物人も手伝い、ともども狼藉に及び候よしに付、右狼藉の場所に立ち廻り候ものハ、見物人の差別なく一統に召し捕えさせ候間、見物など決して罷り出でざるよう心得るべき事（下略）。（『江戸町触集成』第八巻）

右のように誤って逮捕しても支障はないとしたこと。見物人であっても差別なく逮捕してもよいなどと、非常に乱暴な令達であった。しかも誤って逮捕しても何の咎《とが》めはないとしたのである。はたして無数の逮捕者が出現した。二三日の朝には牢舎には一〇〇〇人にもなったためか、「喧嘩《けんか》の名目で其の日のうちに皆、御赦免《しゃめん》」（『兎園小説』）という有様であ

った。この天明打ちこわしを扱った黄表紙『新建哉亀蔵《あたらしくたつやかめぐら》』には、

ぜうい（上意）だ、うごくな

なにぜうり（草履）だ、おらまだ下駄かとおもつた、あいたーた、わたくしハ、酒ばかりたへました、どこもこハしハいたしませぬ

などとある。

打ちこわしが生じた根本は米価の異常な騰貴であったため、幕府は伊奈半左衛門に命じて米を調達させ、また救米《すくいまい》の実施、救小屋の急設などを行った。そのため米価は一〇〇文で五合ほどに下落したという。そのほか町々の木戸を厳重にし夜間の往来を禁止したため、打ちこわしの参加は事実上不可能となった。打ちこわしの鎮静はこれら諸対策の相乗的効果の結果であったといえよう。しかし江戸鎮静化の第一歩は、長谷川平蔵らの火附盗賊改による強引な手法にあったといえよう。

平蔵の扱った事件の分類と凶悪者の逮捕

評定所《ひょうじょうしょ》で作成した先例集である『御仕置例類集』に見える平蔵の扱った事件の分類は表3のとおりである。

分類表によると、盗み・盗品取扱い、博奕・博奕宿の四種で全体の八三・七％をしめている。当時の火附盗賊改のはたした仕事の大要は、お

表3　『御仕置例類集』にみる長谷川平蔵取り扱い事件別分類表

年度	明和八年	明和九年・安永元年	安永二年	天明七年	天明八年	寛政元年	寛政二年	寛政三年	寛政四年	寛政五年	寛政六年	寛政七年	小計
	初代　平蔵扱い			二代目　平蔵扱い									
年度別判例数	一件	二件	一件	四件	五件	四件	九件	一九件	二六件	四七件	六七件	一五件	二〇〇件
事犯別判例内訳　博奕								八	八		一二	一	二九
博奕宿							一	五	七	五	一一	一	三〇
盗み	一			三	一	一	二	四	九	一五	二〇	三	五九
盗人止宿					一		二			七	四		一四
盗品取扱			一	一	三	二	一	二		一七	一四	七	四八
かたり									二	一		二	五
殺害						一				二			三
付火											二	一	三
寄場関係							三				四		七
解放帰牢		二											二

注　実際収録の総数は二〇七例だが、内訳欄の作図上、特殊事例七例は省略した。(重松一義『長谷川平蔵の生涯』より)

よそ左のような内容であったことが知られる。

鬼平の扱ったおもな凶悪事件

長谷川平蔵の扱った事件のうち、著名な凶悪事件のいくつかをみてみよう。第一に真刀徳次郎（神道徳次郎・進藤徳次とも。二八歳）がある（寛政元年）。上州（常州笠間生まれ）の真刀徳次郎は組織的・大規模な武装集団であった。徳次郎は進藤流の剣術をよくつかい、大の手利《てきき》であった。大勢の手下をひきつれ白昼大路を歩く名代《なだい》の大盗賊であった。これを平蔵の与力が召捕えたのであるが、その申渡書には大要つぎのようにある。

そのほうは、奥州・常州・上総・上野《こうずけ》・下野《しもつけ》・武州の関東筋、そのほか関東近国やその村々数百ヶ所に忍び入り、あるいは強盗を働いた。「道中御用」という絵符をたて、刀をさし野袴を着た者どもを引きつれ、あるいは渡りの盗賊を若党に仕立てて召し連れ、問屋場では相応の御用向きであると申し偽わる。あるいは「御用」と書いた提灯に蠟燭《ろうそく》をともし、お寺や修験者の家、百姓の土蔵、町家の入口をこじ明け、あるいは火縄で錠前を焼け切る。頭取りを先頭に抜刀して押入り、家の者を縛り「声を立てれば斬殺す」とおどし、金銀・衣類・反物・その他の品々を盗み奪う。これを手下の常松（二二歳）、伊勢松（一八歳）、丈助（一九歳）らに命じて古着屋に売却したり質入れをする。その売却金は仲間で分配し、残金は飲食や遊興に使い捨てる。そのうえ出家や百姓を斬殺《ざんさつ》したり手傷を負わせるなどさま〴〵な悪事を働いた。これら数百ヶ所におよぶ夜昼の所業《しょぎょう》は重々の不届につき、町中引廻しのうえ、武州大宮宿において獄門執行を申渡す（『幕府時代届申渡抄録』）。

とある。真刀徳次郎については『よしの冊子』にも見えるところであるが、のち講談『天明水滸伝《すいこでん》』として脚色されている。

赤坂火消屋敷の臥煙《がえん》三人と、駿河台・小川町・御茶ノ水でもそれぞれ二人の合計九人の臥煙が寛政三年（一七九一）の春、長谷川平蔵の手によって捕えられた。なかでも赤坂の三人は大盗賊で「早飛の彦」がその頭取であった。いずれも吉原に隠れていたが「隠密廻《おんみつ》り」と偽って駕籠《かご》で板橋を出発し、それぞれが右の場所で捕えられたという。その配下は一五〇人ほどいて、町方の方々に押し入っていた。右九人の臥煙はいずれも五〇―六〇人の手下を持っていたということである。

瀬川菊之丞らの召捕

寛政三年（一七九一）堺町で瀬川菊之丞と嵐龍蔵が長谷川平蔵によって捕えられた。菊之丞らは芝居が終ってすぐに客のもとに行くつもりで芝居の裏木戸に行ったところ、待ちかまえていた平蔵によって召捕えられたのである。菊之丞は紫ちりめんの羽織に紫ちりめんの上着、緋縮緬の下着などを着用していたのを咎《とが》められたのである。そのほか木戸番《きどばん》なども小紋縮緬などを着用していたので残らず召捕えられた。平蔵はそのほかの役者も召捕えるつもりであったが、菊之丞が捕えられたことを聞いた団十郎は芝居小屋の外へ出なかったので、平蔵はそのまま帰った。菊之丞はそのご三度ばかり呼び出されたということである。平蔵らは凶行犯のみにとどまらず、市中風俗取締りにもおよんでいたことが判明する。江戸の町では一体これはどうした事なのか。これは町奉行が捕えることである。それでは町奉行は勤まるまいと噂しあったという（『よしの冊子』九）。

町内警衛の自治機関

自身番屋

江戸時代に江戸・大坂・京都などで主として町内警衛のために設けられていた自警制度の一つに自身番屋《じしんばんや》がある。江戸では慶安（一六四八―五一）ごろすでに設けられていた。町内の大通りの両端に木戸《きど》があり、木戸に接して番屋を設け一方の番屋に木戸番、他の一方に自身番が詰めたという。天保《てんぽう》一五年（一八四四）の例では新和泉町（現中央区日本橋人形町三丁目）通りをはさんで向いあって北側（名主石塚三九郎）と南側（名主庄右衛門）に、それぞれ自身番屋と木戸番屋（商番屋）が並んで建てられていた（『市中取締類集』自身番屋之部）。

自身番屋（以下、自身番と略称）は大町には一町に一つ設けたが、二、三ヵ町共同で設置

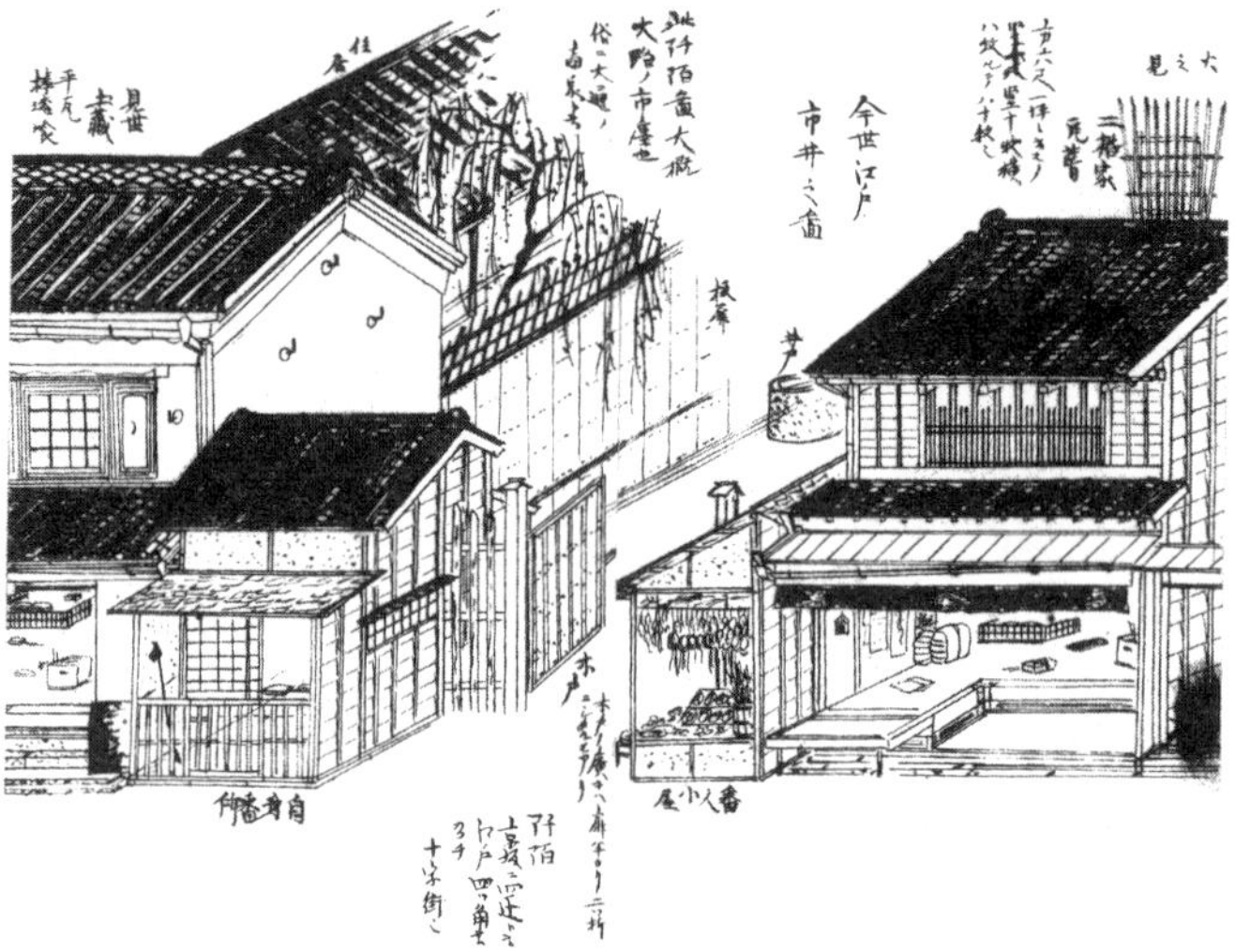

図3　自身番屋と木戸番屋　『守貞漫稿』

することもあり、幕末の嘉永三年（一八五〇）の記録では江戸中で九九四ヵ所あったという。

自身番の名称は、はじめ町内の地主町人が自身で交替に勤めたところから生じたといわれ、寛政の町法では表町の者は月におよそ三度、裏店《うらだな》借の者は月一度とした。しかしのちには家主・店番・町内雇いの番人らが、昼夜にわかれて詰めた。江戸の天保年間（一八三〇—四三）の制度では、大町および二、三ヵ町合同の番所は家主二人・店番二人・番人一人の計五人（昼は半減して二ないし三人）、小町では家主・店番・番人各一人の計三人が詰め、非常時には増員することになっている。

江戸中期以降の実態は家主の詰所《つめしょ》と化し、また会議所として使用された。そのほか大きな番屋では、町の目明《めあか》しなどが犯罪容疑者をここに留置し、定町廻り同心《じょうまちまわりどうしん》が巡回のおり尋問して釈放するか、あるいは町奉行所《ぶぎょうしょ》に送るかを決める公用の場所でもあった。

自身番の任務は交替で町内を巡回し、不審者が町内に立ち廻れば捕えて番所にとどめ置き、奉行所に訴え出る。喧嘩《けんか》口論をいましめ、夜は火の元を用心させる。元禄一一年（一六九八）の規定によると、自身番屋では夜でも戸障子《しょうじ》を立ててはならず、寄合《よりあ》い咄《ばな》しなどは禁止され、当番の者は食事も番所ではなく各自の家ですることになっており、勤務の規定も厳重なものであった。

しかしのちには町内の寄合相談事などもここで行われ、また町の雇い職員である町代・書役などがここに勤務して町内の雑務を処理するようになった。このため家主らの勤務も名目的なものとなって、雇いの定番人を置いたり、その定番人が妻帯して番屋が住居同然となったりすることもあり、また町内の家主たちが寄合を名目に酒食の会を催すなどして綱紀《こうき》の乱れを警告されることも多くなった。

たとえば天保一二年（一八四一）六月の「臨時廻上申書」には、自身番屋で家主たちが集まって酒食し、その代金を町入用《ちょうにゅうよう》のなかに加えることが多いと指摘している。また翌一三年正月の「南町奉行同心上申書」には、自身番屋の定番人のなかには妻帯者がおり、同心が番屋に行ったおり女房が挨拶することもあって、取締り上よろしくないと記している（『市中取締類集』）。

番所の建物には規定があり、原則としては九尺二間の小屋であったが、文政一二年（一八二九）には梁間《はりま》九尺・桁行《けたゆき》二間半・軒高《のきだか》一丈三尺、棟《むね》の高さは軒に准じることと定められた。しかし前述のように番所が番人の住居化する状態ではこのような規定は守られず、家の造作を一般家屋同様にしたり、あるいは二階づくりにしたりする者もあったため、町奉行所からは増築を禁止し、規定以上の分は建直しのとき縮小するよう申渡しが行われたりしている。

自身番屋内には纏《まとい》・鳶口《とびぐち》・竜吐水《りゅうどすい》・玄蕃桶《げんばおけ》・梯子《はしご》・釣瓶《つるべ》などの火消用具が常備されてあり、半鐘《はんしょう》が鳴らされると町役人・火消人足が自身番にかけつけ、道具を持ち出し、勢揃いしてから火事場に赴いた。番人の賃金、建物の維持修繕費、火消用具などの備品費など自身番屋の諸費用はすべて町入用をもって賄《まかな》われた。

自身番屋の多くには屋根に火の見を設けていた。火の見の構造は枠《わく》火の見で、建て梯子をかけ、半鐘をつるしてある。火の見の全体の高さは二丈六尺五寸、枠高三尺五寸、幅三尺五寸四方、一丈五尺の建て梯子を枠内に建ててあった。

つぎに示す落語の「二番煎《せん》じ」は、冬の夜の自身番屋の情景を扱った作品である。

町内の旦那《だんな》衆が寒い晩に火の番の夜まわりをすることとなった。寒い夜のことで、持ち寄った酒とイノシシの肉鍋で冷えきった体を暖めていたところ、見まわりの役人がやって来た。あわてて酒を隠したが見とがめられ、風邪薬だといったが、拙者《せつしゃ》も風邪気味だと酒を飲まれてしまう。もう一杯、もう一杯と重ねるので、もう御座《ござ》いませんと断ると「拙者もう一廻りまわってくるから、二番を煎じておけ」でおちがつく。原話は元禄三年（一六九〇）江戸板「かの子ばなし」（東大落語会編『増補　落語事典』）。

自身番については、つぎのような川柳《せんりゅう》がある。

縄付きのそばで碁《ご》を打つ自身番

雪の日は助言のふへる自身番

（将棋への助言者が雪の降る日は増す）

自身番捨子が泣いて世帯めき

木戸番

慶長一四年（一六〇九）に江戸を訪れたイスパニア人ドン＝ロドリゴ＝デ＝ビベロの『見聞録』に、江戸の町の木戸についての記述がみられる。

市街は、皆門〇木戸を有し、人と職とに依りて区劃し、鉄工あり、縫工あり、商家あり。……商家も亦之《またこれ》に同じく（下略）。

各街には入口及び出口二つの門架あり。

市街は皆夜に入りて其門を閉ぢ、昼夜共番兵あり、故に罪を犯す者あれば直に之を報じ、門は忽《たちま》ち閉鎖され、罪人は内に留りて罰せらるべし（村上直次郎訳）。

とある。右により町々の木戸は当時の江戸の町々の警備施設として、かなり一般的なものであったことが推測される。江戸時代の各地の城下町に多くみられるが、江戸では町人町の各町の境目には厳重な木戸を設けた。それは江戸中すべての町々に設けてあったとは限らなかったようであるが、天明七年（一七八七）の江戸大うちこわしのおり、たとえ小町であっても設置されるようになった。『梅翁随筆』には、

町々木戸にて往来を改る事

天明七丁未年五月、飢饉《ききん》にて江戸中騒敷《さわがしき》、其中より町家一町々々に木戸をかまへ、四時（午後一〇時）より門を〆《しめ》て人をあらため、拍子木《ひょうしぎ》をもつて人をおくれるなり。

壱人通れば拍子木壱ツうち、弐人は二ツと、人数に合せて打、隣町へ告知らせける事也。拍子木の聞えて人来らざる時は、両方より出て町内をあらたむるゆへに、一ト所に足を留る事能はず。是《これ》より世上もの静になりて（下略）。

とある。昼間は中央二間半の大扉は開いてあり通行は自由であるが、非常の場合や夜の亥《い》の刻《こく》（およそ午後一〇時）にはこの大扉を閉じて通行を停止した。医者や産婆《さんば》などやむをえない通行人があると左右の潜り戸を開いて通行させ、番人が拍子木を打って次の木戸に知らせる（送り拍子木といい、通行人の数だけ打ったという）定めであった。

木戸のそばにある番人の詰める小屋を木戸番屋といい、ここに木戸番が居住した。俗に番太または番太郎などと呼ばれ、原則として二人であった。木戸番には町内から給金が支給されたが、わずかな金額であったうえ多くは老人であり、駄菓子や草鞋《わらじ》やろうそくなどを並べて小商いをすることが認められていた。そのため木戸番屋のことを俗に商《あきない》番屋ともいった。番太郎については、つぎのような川柳がある。

番太郎爪の中から首を出し
ひめのりを煮ながらあごで飴《あめ》を売り
金時やダルマの中に番太郎

番太郎しかも男とへらず口

（アレでも男かと言われるほどの老人）

番屋には規格があり、梁間六尺桁行九尺軒高一丈、棟高はこれに相応する高さと定められていた。番人は番屋の住みこみであり、妻子のない者ということになっていた。しかし江戸時代の後半ともなるころには、番屋を拡げて妻子を住まわせ、また番人の職が株として売買されていた。天保のころには、町々の商番屋で娘子供が琴や三味線などの遊芸をする者があった。また番人には本来妻子のあるはずがないのであるのに、名主や家主が黙認しているのは風儀上よろしくないと南町奉行同心は報告している。木戸番屋の株の譲渡で訴訟があり、これは裁判にならないという町触が出ている。しかし内実は株と同様に売買されていた。番人の雇賃が少ないので番屋内で商売をしているのであった（『市中取締類集』）。

番太郎については、つぎのような小咄がある。

さる者、振舞に行きて、いかう夜更ける迄遊びて、酒に酔ひぶら〳〵と帰るに、浅草の新寺町を通りけり。門跡前の番太郎に「もはやいくつじや」と問へば「六十二になります」といふ。「さていかいたわけの。鐘の事じや」といへば「金を持ちますれば、番太郎は致しませぬ」といふ。かの者呆《あき》れ果て「いや、そのことではない。時は」と問へば「斎《とき》は明日、お寺でございます」というた（武藤禎夫編『江戸小咄辞典』）。

〔注〕斎＝寺で法要そのほか法事の参会者に出す食事のこと。

辻番

町の自治組織としての自身番や木戸番屋とは別に、幕府によって警備のために設けられた番所に辻番（辻番所）がある。その名称は道路の交叉する辻々に設けられたところから生じたものであるが、またここに詰める番人も辻番と称した。辻番は主として武家地に設けられたものであるが、町人地の自身番・木戸番とならんで江戸の治安維持・警備の機関であったので、ここで取り上げておきたい。

初期の江戸は戦国時代の余風と新開地特有の殺伐な気分があって、市中では喧嘩・刃《にん》傷《じょう》・辻斬り・強盗などが頻発していた。そのため慶長三年（一五九八）に侍五人組・下人十人組を設けて警備させたが、不十分であったため、寛永六年（一六二九）三月辻斬りの横行《おうこう》もあって、これを防止するのを理由に、幕命により番所を設置したのが辻番の起こりである。

寛永一〇年（一六三三）六月ころの辻番は、湯島天神切通・増上寺《ぞうじょうじ》切通・千駄木原・今里村・両国橋・小塚原《こづかっぱら》・元吉祥寺の七ヵ所、本所《ほんじょ》二六ヵ所、江戸橋などであった。一ヵ所に番人六人、給金一人二両、夜番油料一両で一番所に年間一三両を要した。以後辻番所はしだいに増加し、元文年間（一七三六—四〇）には九三〇ヵ所あったという。

辻番は幕府が設けた公儀御給金辻番（公儀辻番）、大名が一家で設けた一手持辻番、大名・旗本《はたもと》などが近隣で共同で設けた組合辻番の三種類がある。寛文一〇年（一六七〇）ころ公儀辻番は八七ヵ所あったが、経費節減により享保六年（一七二一）以後は一〇ヵ所となった。『拾遺柳営秘鑑』には一手持辻番二一九ヵ所、組合辻番六六九ヵ所、総計八九八ヵ所とある。一手持辻番では加賀藩の辻番は厳しいので有名であった。

辻番所の番人数の規定は、天和《てんな》三年（一六八三）の定めでは一万石から一万九〇〇〇石までの高の組合辻番では昼三人・夜五人、二万石以上では昼四人・夜六人、一万石以下では昼二人・夜四人と人数に差があった。勤務は昼夜交代制で、夜中でも戸は閉めず、受持区域内を巡回して狼藉者や挙動不審者を逮捕した。番所には捕者のための突棒《つくぼう》・さすまた・もじり棒・松明《たいまつ》・早縄・提燈《ちょうちん》などを備えていた。

辻番所の運営は最初は武家が直接行い、番人は二〇歳以下の年少者や六〇歳以上の老人、歩行不自由者は禁止されていた。しかしのちには一手持辻番以外には町人による請負が行われるようになった。享保《きょうほう》八年（一七二三）二月には幕府は組合辻番六八〇ヵ所を地域によって一五に分け、請負人二〇人を定めた。しかし四年後の享保一二年（一七二七）一一月には旧来の組合と請負人との相対《あいたい》契約にもどした。また寛政五年（一七九三）には辻番請負人組合を組織させたりしている。それは町人の請負にすると経費を安くするため老弱者などの番人を雇ったり、給金の安いため番人が内職の商売を行ったりするようになったためである。そのため幕府はその後も禁令を繰り返し発しているが、効果は少なかったようである。辻番は隠居所のようであったとさえいわれている。

辻番は棒をつかぬと転ぶたち
（突棒は警備のためよりも、杖の役に立っていたというもので、よぼよぼの老人が辻番人を勤めているのをよんだもの）

辻番はならいが吹くとちぢこまり
（「ならい」とは、江戸で東北の風のことをいう）

辻番はあわを吹かれて泡をくひ
（発作をおこして路上で倒れた男に、辻番は驚きあわてる状況）

辻番は熟柿くさいで気を休め
（厄介な行倒人かと思ったら酔っぱらいであったので辻番は一安心）

ずぶろくを辻番手柄そうにしめ
（ずぶろくとは泥酔者のこと）

辻番についてはつぎのような小咄がある。

辻番所で鴨を煮ている。屋敷の廻り衆、外より声をかけ「ばんカ」「イヤ、かもでございます」「よくねぎをいれろ」（『茶のこもち』前掲書『江戸小咄辞典』）
（「番か」と問われたのに辻番人は「雁《がん》か」と聞き違えて「鴨」と返事をする。鴨なら、ねぎを入れろ――念を入れよと洒落たもの）

辻番でこつそり鴨の葵坂

という句もある。葵坂は赤坂溜より外側へ下る坂で当時禁猟区であった。現在の港区赤坂葵町にあたる。

見附　城門の別称を見附《みつけ》といい、城門の外側に番所を設け、外郭城門の警備ならびに諸人の通行を監視した。しかし泰平の世が続くにつれてしだいに形骸化していった。辻番と同様に町奉行支配下ではないが、市中警備機関の一つであるので、ここに附記しておきたい。

江戸城には俗に三六見附の称がある。これらのなかには地名を冠したものがある。牛込見附・市ヶ谷見附・四谷見附・喰違《くいちがい》見附・赤坂見附などであり、現在もそのまま地名や駅名として通用しているものがある。市ヶ谷門・四谷門・赤坂門等は三〇〇〇石以上の寄合の担当とし、留守居の所管であった。その勤番は一〇日交代とし、城門の出入りを監察し、異変に備えるのを本来の業務とした。

番士は三人（軽輩は不詳）羽織袴で詰め、鉄炮五挺、弓三張、長柄一〇本、持筒二挺、持弓一組で詰めた。明六ツ（午前六時）の太鼓が鳴ると見附々々の門を開き、暮六ツ（午後六時）の太鼓が鳴ると見附々々の門をしめた。見附の番所には、下座見と称するものが雇われていた。古河《こが》藩士の堀秀成《ひでなり》は、明治に入って往時を思いおこし『下馬のおとない』を著わしているが、そのなかに下座見についてつぎのように記している。

皆こゝの門衛の諸家にてものすることとなり。惣登城といふ日は、上《か》ミ下《し》モの麻衣きたるもの、またひとへの羽織に、其家々のしるしせるを着たる足軽《あしがる》といふものあまた、堀の端、こゝかしこに立チていましめ守れり。上下着たるは下部を具し、そのかたはらに飾手桶といふものを並べ、足軽は六尺の棒を突けり。又足軽の長《おさ》に下座見といふ者あり。こは諸家の鑓《やり》はさらなり。家の紋賀輿丁《よてい》陸尺と云の看板といふもののしるしなど、つばらかに（筆者注—くまなく）おぼえゐて、諸家の城に登るを見て、其氏名を呼ぶをこれが職とす。この下座見男は、門衛を承るほど、其家に雇れ居て、交替の時は、また次の門衛に雇る丶を習とせり。

とある。

この下座見のなかでも練達したものは、実に的確にどこの大名家であるかを識別することができた。松浦《まつら》静山は神田門の御番を勤めたおり、火災が発生したため火事装束でただ一騎で急遽かけつけたが、筋違《すじかい》御門の下座見は静山の名を呼び拍子木を打ち、番士たちは下座した。火災の混乱のなか供もなくただ一騎で、しかも紋所のほかにこれといった目印もないのに、その鑑定眼の正確さに驚いたことを記している（『甲子夜話《かっしやわ》』巻四四）。

この下座見を含めて見附などの城郭の外側の門衛は、江戸の中期以降は町人の請負うところとなっていた。その実態を『世事見聞録』には、つぎのように記している。

さて諸手の御門番、又は両山始め所々の防役《ふせぎやく》を勤むるとても、羅紗・猩々緋《しょうじょうひ》の頭巾・羽織を著、看板法被《かんばんはっぴ》等の出立《いでたち》は見事なれども、徒士《かち》・足軽・小人《こびと》など多く雇人にて、町人等の請負ひを以て……夜道何程なども賃銭の次第ありて、みな賃銭と弁当のみ心を入れたるものどもにて、身を入れて役を勤むるものはなし（『世事見聞録』武士の事）。

とある。江戸城門＝見附の警衛に任ぜられた大名にたいし、そこに詰める足軽などの武家奉公人を一括して請負う業者のあったことは先述したところである。たとえば大手御番所では金七〇両位より八、九〇両迄、内桜田御門番所は金七〇両位より八〇両迄（いずれも御抱小頭・下座見の給金は含まず）、日比谷御番所は金二三―二四両、呉服橋御番所は金四〇両ほど、鍛冶橋御番所は金二六両ほど（いずれも小頭・下座見の給金を含む）であった。日雇の武家奉公人はそこに小頭・下座見・足軽・小人・中間《ちゅうげん》などとして雇傭されていた。たとえば呉服橋番所では小頭二人、下座見六人、足軽三一人がそれぞれ一〇日、一人銀一五匁《もんめ》（小頭）、九匁三分（下座見）、七匁三分（足軽）で雇われていた。天保期には中川御番所の諸大名から庄太夫というものが「万端事馴、御弁利宜《よろしき》」ため、ここに勤める足軽等の武家奉公人を一手に引受けて請負っていた。大手御番所以下浜大手御番所まで三〇ヵ所の請負料金を書きあげているのは番組人宿である（『市中取締類集』人宿取締之部）。

拍子木で見附の膝をのびちぢみ

拍子木にしたがいまする見附番

（ここにいう拍子木とは、見附の番人が通行する大小名や役人を見わけて打つ拍子木のこと。『殿居嚢』によると、御三家・御三卿・日光門主には番衆一同が薄縁《うすべり》下座で平伏、

三ッ拍子木、惣平伏。御側衆・御留守居・大目付・御目付は下座におよばず。行儀膝をなおす。拍子木一つ打ちなどとある）

拍子木を打たせて通る数に入

（目付などに立身出世したこと）

見附からわさびおろしが出て叱り

（「わさびおろし」とは、見附や武家屋敷の門番や辻番人のはく行灯袴《あんどんばかま》。木綿地の萌黄あるいは革色に茶または白で菖蒲革の模様を染めているところから、転じて見附番、門番、辻番などをいう）。

小伝馬町の牢屋

牢屋敷の規模

町奉行支配の小伝馬町《こてんま》牢獄は天正《てんしょう》年間（一五七三―九一）常盤橋外にあったが、慶長年間（一五九六―一六一四）に小伝馬町（現中央区）に移ったという。この牢屋敷は幕府の牢屋のうち最大のもので、評定所《ひょうじょうしょ》・火附盗賊改《ひつけとうぞくあらため》からも収容者が送られて来た。その規模は二六七七坪余あり、表間口五二間二尺余、奥行五〇間で三方を土手で囲み、周囲は高さ七尺八寸の練塀《ねりべい》をめぐらし、外側には堀をもうけていた。表門は鉄砲町の通りに向い、裏門はその反対側にあって小伝馬町二丁目の横町に向っている。

町人など庶民の入る牢屋は当番所と呼ばれる監視所を挟んで東牢・西牢（それぞれに大

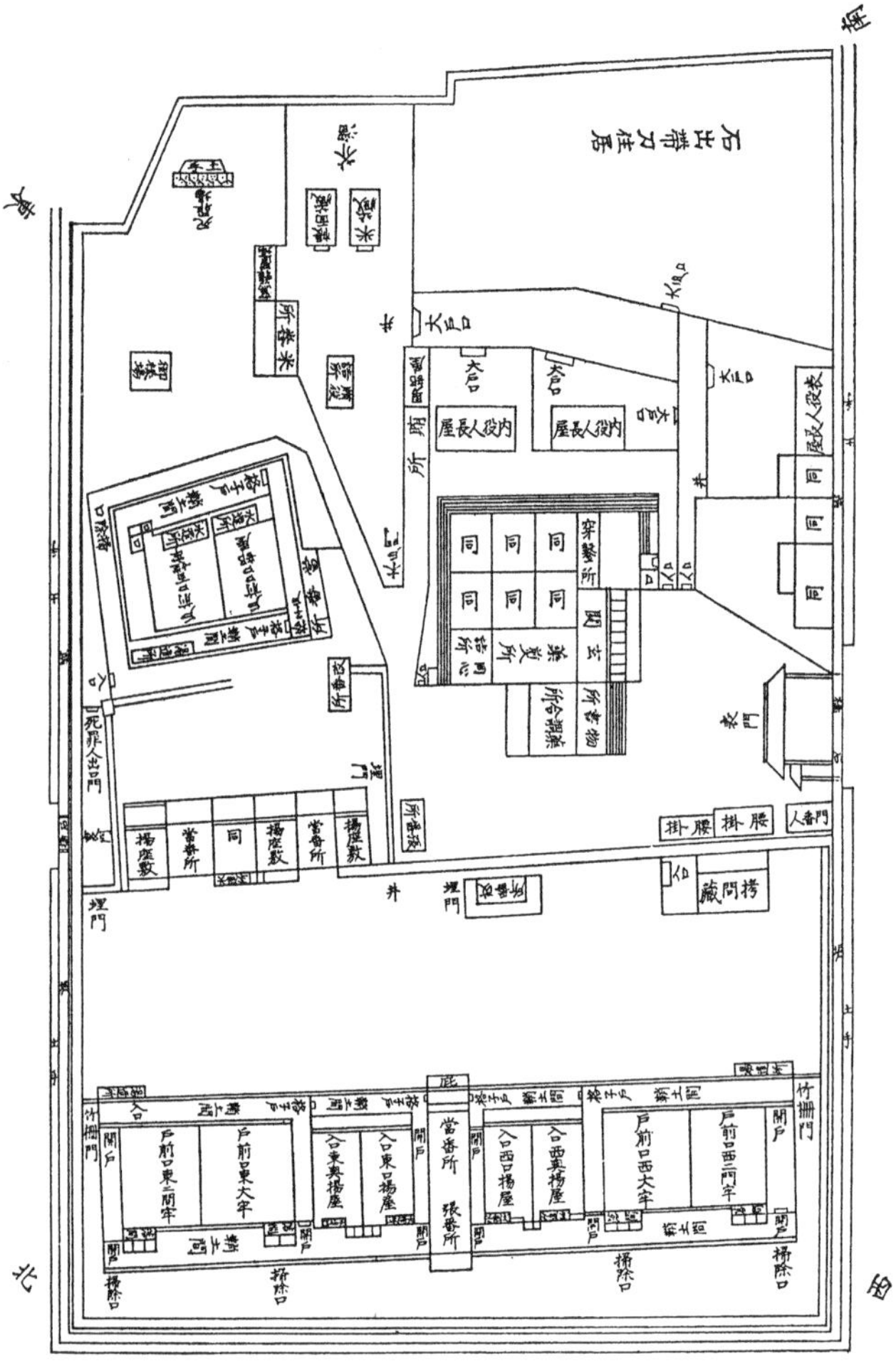

図4　牢屋見取図　『古事類苑』

牢・二間牢・揚屋《あがりや》などがある）とよばれるものが連なって、大きな一棟をなしていた。はじめはすべて雑居牢であったが、無宿者には悪性の者が多くて有害であったため、宝暦五年（一七五五）から東牢は有宿者、西牢は無宿者の収容所とした。安永四年（一七七五）に百姓牢を新たに設けたのもそのためである。

そのご天保《てんぽう》一四年（一八四三）の記録では三奉行掛とも無宿は大牢に、百姓・町人は百姓牢に収容した。やはり一般の百姓・町人を無頼《ぶらい》の無宿と同居させることより悪に染まるのを避けたためである。ただし同一事件については町人・百姓・無宿の別なく牢分けした。大牢は五間に三間（広さ三〇畳）、二間牢は四間に三間（広さ二四畳）で、それぞれに一間に半間の雪隠《せっちん》（便所）と二間に一間の落間《おちま》（土間）がある。

大牢と二間牢とをあわせて惣牢《そうろう》とよんだ。牢の三方は壁土蔵造りであったので風通しが悪く囚人が難儀したため、囚獄石出帯刀《たてわき》の意見により天和《てんな》三年（一六八三）の改修のおり揚座敷《あがりざしき》を四方格子《こうし》に改め、元禄《げんろく》一六年（一七〇三）牢屋が類焼《るいしょう》したおり全面的に模様がえをした。すなわち格子は二重とし、外格子と内格子との間の三尺幅の土間を外鞘《そとざや》（または鞘・鞘土間）といい、牢内を内鞘ともいった。内格子は赤松の六寸角、外格子は杉の六寸角、床板は栗尺板で厚さ二尺五寸、天井・羽目格子の腰羽目はすべて太鼓張で樟の厚板であったという。

揚座敷と揚屋

御目見《おめみえ》以上のもの、身分のある僧侶・神官などは揚座敷（東西牢にそれぞれ広さ約七畳のが二つ、畳は備後表《びんごおもて》、付人一人がつく）。御目見以下の直参《じきさん》・陪臣・僧侶などは揚屋（広さ一五畳と一八畳の二つ、畳は琉球畳《りゅうきゅう》）に収容された。蛮社《ばんしゃ》の獄《ごく》に連座した洋学者渡辺華山《かざん》は三河田原藩の家老《かろう》であったので揚屋に入れられた。天保一〇年（一八三九）の手紙で、大略つぎのように記している。

さて（私の逗留《とうりゅう》する）牢は三間に四間で、皆板敷に畳を敷き、私ども三畳に一人である。下は若隠居、インキヨ仮座、客座其外役人など一畳に二三人。小座というのは一畳に六人ぐらいである。朝夕の法、もっとも厳しく、位置などは、非道刻薄《こくはく》（むごくて情がうすい）なるものに御座候。明り取りは下ハメ四尺より上に有り。格子の太さ四寸角、その間三寸ばかりの所より風気日光が通る。右牢の外押《そとおさえ》も又右の通りの大格子であるから、陰に翳雲《えいうん》（うすぐも）の如く、火熱は夕〻蒸し候如くに御座候。ただ心気（心持ち）を落付けて静座候へば、如何様《いかよう》にも凌《しの》ぎ申すべく、色々心配仕候。時は、凌ぎ難く候。其上右の内に、大ナガシ水ツカヒ諸食物の賄あり、又湯を入れ候厠《かわや》（便所）もすぐそばにあって、汚穢（不潔）に堪えず候。

とある。西口揚屋は女部屋とよばれる女牢で、武士や町人の区別なく女囚を収容した。女囚の多いときは東口の揚屋も使用した。このほか小伝馬町牢屋敷内には、囚獄石出帯刀の屋敷（四八〇坪）、牢屋同心の屋敷、処刑場などがあった。

牢屋奉行とその配下

小伝馬町の牢屋は町奉行の支配に属していたが、実際に牢屋を管理したのは囚獄と呼ばれていた役人である。囚獄は俗に牢屋奉行とよばれ、石出氏が世襲して代々石出帯刀と名のっていた。本高三〇〇石役扶持一〇人扶持で、牢屋敷内の拝領屋敷に居住した。配下の牢屋同心は古くは四〇人であったがしだいに増加して、幕末には五八人、慶応元年（一八六五）より七六人となっている。役料は二〇俵二人扶持である。

牢屋同心はつぎのように仕事を分担していた。鍵役（鍵番ともいい、牢の鍵を保管して囚人の出入りに関する一切の事務）。小頭（惣牢の番人で囚人の護送・警固）。数役《かずやく》（敲《たたき》の数を数える役）。打役（箒尻《ほうきじり》で打つ役）。そのほか世話役、平番、書役、賄役などがあり、世話役・平番は下当番所に詰めていた。泊番は鍵役・小頭役・世話役・書役の各一人と平同心八人が一組となって行なった。

牢屋下男《しもおとこ》は台所・米搗《こめつき》・門番・張番・薬部屋・夜具持などを分担した。人数ははじめ三〇人であったが、慶応元年（一八六五）では四八人となっている。一両二分一人扶持《ぶち》のほか味噌代一日四文宛の支給があった。牢内の雑役《ざつえき》や奉行所などの護送は牢屋下男のもとに非人があたり、女牢には女非人が附人となった。

右のほか町奉行所内には古くより一分掌として牢屋見廻りの与力・同心がある。月に四度の惣牢改のほか、日々に賄所を見廻り食事の模様などを見廻ったほか、目付《めつけ》も月に一度ずつ巡回したようである。

牢名主と牢内役人

東西の大牢および二間牢には、囚人のなかより一二人のものが牢内役人（高盛《たかもり》役人）として選ばれ、牢内の取締りにあたっていた。これは公認されたもので、おそくとも文政ごろには行われていたという。その名称と仕事の大要はつぎのとおりである。

（牢）名主　一人　牢内の総取締り。
名主添役　一人　名主の添役で名主不在中は名主の代理をする。
角《すみ》　役《やく》　一人　戸前口にいて囚人の出入りに注意する。
弐　番　役　一人　新入の囚人に牢法（新入法度《しんいりはっと》）をいい聞かす。
（右の四人を戸前番または戸前役人といい、また牢名主を除いた三人を上座《かみざ》と称した）

三番役　一人　薬一式の掛。
四番役　一人　囚人より剝《は》ぎ取った衣類を預かる役。
五番役　一人　食物を入れる盛相《もつそう》の改め役。
(右の三人を中座《なかざ》、以下を下座《しもざ》と称した)
(下座)本番　一人　食物の運搬役。
(下座)本番助　一人　盛相その他を洗う。
台所役。
詰之(本)番　一人　雪隠の番をする。
詰之助番　一人　右の補助。
五器口番《ごきぐちばん》　一人　食事の世話掛。

牢名主の選定はまず鍵役が調査し、町奉行所の牢屋見廻与力《よりき》に申し出、その「見分け」を経たのちに許可した。天明八年（一七八八）八月より牢名主は軽罪の者より選ぶこととしたため、吟味《ぎんみ》方の役人に罪の軽重を問いあわせた上で任命することとした。しかしその後、嘉永六年（一八五三）には犯罪の軽重に関係なく、在牢期間の長いものあるいはしばしば入牢した牢法をよく知っているもので「囚人共手当宜敷、取締相成るべき」ものを選んだ。著名な牢名主の一人に、蛮社の獄で捕われた高野《たかの》長英《ちようえい》がいる。三番以下の八人は牢名主からの申し出によって鍵役が任命した。右のような牢内役人は揚屋に六人、女牢にも若干いた。以上公認された牢内役人のほか隅の隠居（以前に入牢して牢名主をしていたもの）、大隠居（戸前役人の休んだもの）、若隠居（中座役人の休んだもの）、隠居並（下座役人の休んだもの）、穴の隠居（牢内共有金を預る）、穴の助番（食物を預る）などがいたが、これらは牢内で勝手に名付けたものであった。

牢屋入りの手続き

牢屋への収容手続きは、たとえば町奉行同心が被疑者を逮捕して奉行所に連行し、ひとまず奉行所内の仮牢（仮揚屋・女仮屋もある）に入れ、奉行に入牢証文を申請する。入牢証文が出るとそれを持って同心が被疑者に付添って伝馬町の牢屋に送る。囚獄石出帯刀組の書き物役（同心《どうしん》）が入牢証文を受取り、被疑者を改番所に置く。町奉行同心の任はここで終る。改番所では鍵役と牢番が立会い、牢屋下男に命じて腰縛りとし、宿所・名前・年齢・肩書などを本人に問い、証文と引きあわせて確認する。鍵役らは入牢の場所を相談してから当番所に行き、当番が外鞘の格子を開く。ついでそこで被疑者を裸にし、衣類をはじめ口中、髪のなかまで牢屋下男に調べさせる。ついで鍵役が入牢証文を読みあげて牢内役人に引き渡すのである。

容疑者が取調べをうけるときはそれぞれの役所に送られ、終わると再び小伝馬町に送り返される。この場合の送迎、途中の警固は石出帯刀の組同心が行い、往復とも本縄で後ろ手に縛り、非人が縄取りをした。病人はもっこう（畚）に入れ、やはり非人がこれをかついだ。役人が牢屋におもむき牢問することもあった。

これで理解されるように、江戸時代の牢獄――小伝馬町牢屋には必ずしも判決がおり、刑が確定したものだけが収容されていたのではなく、未決の容疑者も収容したのである。収容の大部分は未決囚であって既決囚は少ない。この点、現代とおもむきを異にする。しかし当時は逮捕された者は有罪か、それに近いものとみなされた。容疑といっても軽罪のものは宿預《やどあずけ》といって入牢させなかったから、入牢者は重罪を犯したものとみなすのが当時の常識であった。

地獄入りの儀式

新規入牢の者が衣類などを抱え裸のまま留め口から入ると、牢内役人らはその衣類などを取上げ「新入りのシャクリ」と称して、娑婆でしたことを尋ねる。シャクリが終わると新入りの囚人は、順次に挨拶に廻る。この入牢のおりに持参した金額（ツルと称した）の多少が大きな問題になる。ツルは衣服や帯などの縫目に入れてくるが、入牢のおり役人や牢下男に取上げられる危険があるので、銀の小粒を紙に包み腹中に呑みこんでくることがある。これは三日目ぐらいで排出されるが、その小粒が出るまで名主は詰番に命じて、盛相に用便させる。それはツル漉《こし》といわれ、盛相の底に布をつけた味噌漉《こし》のようなもので、これに大便をさせ水で洗い流して銀の小粒を取り出すのである。そのツル金は牢名主が取りあげておき、ある程度たまるとおもな牢内役人たちで分配する。そのおりは博奕《ばくち》を行ったりする（『南撰要類集』二九ノ中）。

いずれにしても本人には一文も与えられない。普通は一〇両ぐらいで一〇両以上持参したものは御客、二〇両以上のものは若隠居としてとくに優遇されたという。一〇両以下では普通の平囚人として扱われたが、その額が少ないと折檻《せっかん》され、なかには死ぬものもあったようである。吉田松陰が揚屋入りをしたとき、一文も持っていなかったので本来なら折檻されるところであったが、松陰を知るものが牢名主代をしていたので助かり、「望外之儀」と喜んだことがある。

入牢者はツルを出しても、その夜は牢内の古い衣類一つ着せられて板の間におかれる。帯・手拭は渡さず（自殺予防の意味もある）翌朝帯だけ渡してしめさせる。

このほか「帯ふんどしのい、付ル事」が申渡されたり、詰の教えを大声で聞かせられたりする。それは不潔な牢内をなるべく清くしようとする趣意もあろう。右の順序や「新入りのシャクリ」などの内容は時代により多少は異なっているが、大要はさほど変っていない。入牢の翌日、新入りを向通りの畳の端に坐らせる。このとき四番役は牢内の法度《はつと》を聞かせて畳の端につける。これを「新入畳の端へ付事」という。新入りの衣類は剝ぎ取られ、かわりに垢《あか》のついたものが渡されるのである。新入りの者は渡された衣類を身につけて牢名主の前に行き、かしこまる。このとき牢名主は犯罪の始終を問う。それから頭、隅の隠居というように順に挨拶に廻る。これで牢入り（地獄入り）の儀式が終るのである。

格子内の生活

牢内役人のうち牢名主は見張畳と称して、畳を一〇枚も重ねた上に生活している。牢名主以下の役人と平囚は、上座《かみざ》（戸前番）、中座《なかざ》（三―五番役）は二人で一枚、下座《しもざ》（本番以下五器口番）は三、四人で一枚。小座《こざ》は一枚を四、五人から七、八人で使用し、平囚は一畳に六人、一二人、時には一八人も詰められたという。金子《きんす》（牢内ではツルと称した）を持って入牢するか、宿（自宅など）に取りにやるかして金子を差しだすと、その額によってはよい座につけてくれる（町奉行所の役人が見廻るときは、畳を一面に敷き囚人はその上に坐っているが、それ以外の時は畳をあげて名主のところに積み上げる）。畳一畳のところに大勢詰められた囚人たちは夜分ろくに寝られず、宿より届けられた蒲団も主要な牢役人が使用して当人には渡らず、時候に当って発病するとすぐに重態になった者が多いという。

牢内の食事は朝五ツ時（午前八時）と夕七ツ半時（午後五時）の二回が仕来たりであった。寛政ごろ本所牢屋からの問いあわせがあり、その返答書には、朝夕とも飯汁で汁の実は菜大根、あるいは茄子などの時季ものを入れたとある。これからもわかるように食事はきわめて悪く、とくに差入れがないかぎり長期入牢していると栄養失調となる。差し入れが許された品は、菜飯一桶、煮魚一桶、たくあん漬一桶、干魚二〇〇枚、手拭一筋、下帯一筋、半紙二状、銭二〇〇文などである（『家守杖』）。寛政七年（一七九五）当時では銭一ヵ月五〇〇文、半紙・手拭は制限なし、飲食物は酒など少数の禁制品を除きとくに制限はないが、届物には右のほか餅菓子類、干菓子類、水菓子類、白砂糖・氷砂糖、焼肴・塩肴、削鰹節、麵類、胡麻塩などが多かった。

入浴は五・六・七・八月は一ヵ月六度、三・四・九・一〇月は一ヵ月四度、一・二・一一月・一二月は一ヵ月三度であった。このほか安永七年（一七七八）より冬季には徳利暖《とつくりだん》補《ぽ》（婆）といって、木綿袋に徳利を包み熱湯を注いで口に栓をしたものを五〇個ほど備えつけて囚人内の病人に渡した。毎年一一月より翌年二月まで一日二回湯を取りかえたという。その薪《まき》代などの費用は天保一一年暮から翌一二年にかけては七両三分余、天保一三年から翌一四年にかけては五両一分余であり、囚人雑用銭より支出していた。

届物のからくり

家の者などが届物を牢番所に持参しても、実際にはなかなか当人には渡らなかったようである。まず牢同心や書役、下人などが横取りして家に持ち帰る。そのうえ品物は牢名主に渡されて、直接本人には渡されない。よい衣類なども当人には渡らず、牢内で病死した者の古衣類が与えられる。食物も通常は牢内役人が食べてしまい、余った場合があれば当人に渡る程度であったといわれている。

金をひそかに牢内に送りこむには、薬を牢内に入れる時に使用する薬盛相の中に入れて上に茶をつぎこむ。または干魚を焼いて金を魚の裏に張りつけて送りこんだりした。牢内への金銭の持ちこみは一切禁止されていたから、牢内にある金は不正な金である（含み金とよんだ）。文政元年（一八一八）より同三年まで一二回にわたって牢内で発見された金は、最少金三分から最高三三両三分まであった（石井良助『江戸の刑罰』）。

これらの含み金はどのように使われたかというと、まず食物などの買物である。牢名主は時おりご馳走をしないと囚人たちから憎まれ、その身が危険となることもあり、苛酷すぎて私刑された牢名主もあったという。

両国の与兵衛鮨や浅草代地の松の鮨をはじめ多町の阿倍川など、かなりぜい沢な買物をしていた。酒、煙草、煮染《にし》めなども購入できた。牢を管理する牢役人が便宜をはかるのであるから、牢内にあっても市中の物品は自由に入手できたのである。筆・墨・小刀・賽《さい》・かるた札などの禁制品も購入できた。囚人は牢屋同心にたのんで買入れることもあるが、同心はたのまれなくても筆墨《ひつぼく》を持参し、囚人に高値で販売していた。含み金の第二の使用はこのように牢同心やあるいは医者への賄賂に使用された。また多くの金銭が博奕に費されたことは言うまでもない。

牢内に持ち込まれた禁制品を調査摘発する牢内改《ろうないあらため》が行われているのも、牢内管理が不十分であったことを物語っている。まさに牢内は禁制品の山であった。文政五年（一八二二）六月、西大牢で調査摘発した目録をみると五十余点もある（石井氏前掲書）。

在牢者数と牢疫病

享保《きょうほう》一三年（一七二八）正月の在牢者は、月初めは五〇人より四八人、月中ごろは四九人より七五人、月末は七九人より七七人、同月晦日《みそか》では七七人である。寛延二年（一七四九）より翌三年に居越した在牢者は六五人である（『享保撰要類集』二七）。江戸時代の後半はおおむね二〇〇人ないし四〇〇人、多いときは七〇〇人、九〇〇人となり、東大牢の一室だけで一〇〇人をこえたこともあるという。平均一畳に三・三人以上になったわけで、衛生状態や食事の劣悪、特殊な牢内生活もあって牢死者は少なくない。初牢のものは悪臭にあたって牢疫病となり、あるいは下痢がとまらず衰弱死するものが多かったようである。

小伝馬町の牢屋敷は湿地にあって獄内は日光も入らず、空気の流通が悪いうえに、多数の人数を収容しているので、きわめて非衛生的であった。牢内の南は格子、東西（両脇）は羽目板、北（後方）は下が格子、中間には羽目板を打ち、さらに上は格子であった。しかも牢内を吹きぬける風がないので、臭気がたちこめ消えることはなかった。

高野長英は天保一〇年（一八三九）に小伝馬町の牢屋に入れられたが、その著『鳥の鳴音』に大略つぎのように記している。

おりしも五月中旬の事であるうえ、今年は殊に暑さが厳しい。高所に登り窓を開いて納涼しても凌ぎかねないほどであるのに、まして日光もささず、風も通らない蒸し暑い処に、数十人もが魚のうろこのように並びみちているのであるから、其の熱さは堪えがたいものである。病人の臭気やよごれた諸物が一種異様な臭気となって牢内にちらばっているから、その臭みはたとへようもない。長期にわたってこの中に在れば、なか〳〵活《い》きながらえるとは思われない。その上に昨日迄も健在であった人も、今朝は病に倒れて死亡する者もある。今朝まで歌い笑うほかの思いがない人も「御用」の声（処刑のため牢外への呼び出し）と共に、牢外へ出るやいなや、一片の血煙となって消えていくのである。

当時牢内の病気といえば、ほとんど牢疫病であった。それは牢内の非衛生状態をよく示すものである。牢内がいかに不潔であったかを示す具体例を一つ示すと、寛政（一七八九—一八〇〇）のころ百姓牢名主で永牢の吉兵衛というものが、牢内で猫を飼っているという噂があった。そのため調査が行われたが、その報告書には大略つぎのようにある。

此の儀あい糺《ただ》し候処、牢内鼠多く御座候……前々より牢内に猫見うけ候ても見逃し置き候義に御座候……吉兵衛儀は永牢内ニ居り候ものに付、猫もなつき候故、飼置候等の風聞も有之哉《これあるや》、右牢内に限らず外牢内にも一二疋つゝ相見申候……牢内鼠多く、其上囚人とも宿々より送り候食物の残り等も有之候ニ付、自然と外々より参候猫を其《その》儘《まま》差置候儀ニ候（『南撰要類集』二九ノ中）。

とある。牢内には鼠が多く不潔な一面がうかがえる。

牢屋内の私刑死

入牢のおり隠し持ってきた金銭（ツル）が少ないと、かなりの私刑をうけたことは前述した。牢内の私刑のうちもっとも残酷なのは、目明《めあか》しにたいするものであった。囚人をいじめた目明しが入牢すると、その囚人は事情を訴えて復讐をはかる。牢名主の許可があると糞便を呑ませたりする。背後の牢内役人が板で不意に背中を叩くと、喉が開いて汚物は口から腹中にすべり込む。隠居が取りなしをしなければ三椀まで行うのが定めであったという。また目明しについて、つぎのようなことが行われていた。

それは夜明け前に「詰めろ詰めろ」と叫ぶ牢内役人の声とともに目明しを引き出し、太股に濡れ雑巾をあてキメ板の横面で打ち続ける。痛みのあまり悲鳴をあげても、大勢の囚人が「つめろ〳〵」と声をあげているので鞘外には聞えない。一〇日余りこれを続けたあと、陰嚢を蹴って殺すのである。牢屋同心が来ても「牢法に背いたから仕置している」と答えれば、役人はそのまま帰って二度と来ることはないという。

右のほか特に理由もなく囚人を殺すことがあった。牢内の人口調節のためである。入牢者が多いと一畳に九人も一〇人も並び、身動きができなくなる。すると牢名主の承諾をえて、牢内役人たちが三日目おきぐらいに囚人を三人五人と選んで、キメ板責め・陰嚢蹴りで殺すのである。そして病死として届ける。医者は「病死」と言って終る。このように牢内で私刑による殺人が行われても下手人《げしゅにん》が出た例はないという。

牢内の死亡者数

牢内での死亡者は表4をみると、時代の下るにしたがってしだいに増加の傾向を示す（『嘉永撰要類集』四九）。安政五年（一八五八）以降になると一日の平均六〇〇人、七〇〇人、年になおすと一二〇〇人ないし二〇〇〇人にのぼる牢死者をみる（石井前掲書）。そのうち寛延三年（一七五〇）では九八・五％までが未決囚である（『享保撰要類集』附録下）。

幕末でも「格別の罪状もなく、非命の死を遂げる者もこれあり」（『嘉永撰要類集』四九）とあり、これといったはっきりとしない犯罪のないまま牢死するものが、依然として少なくなかったことが推察できる。

牢内の実態の一端は以上のとおりであった。そのため町人たちは吟味与力をはじめ町の目明しから牢

表4　牢内の死亡者数

天明元年（一七八一）	三〇人
天明二年（一七八二）	六〇人
天明三年（一七八三）	七五人
寛政七年（一七九五）	六八人
寛政八年（一七九六）	九二人
寛政九年（一七九七）	九四人
文化元年（一八〇四）	三二人
文化二年（一八〇五）	八五人
文化三年（一八〇六）	二九人
文政元年（一八一八）	二三〇人
文政二年（一八一九）	二一一人
文政四年（一八二一）	一七九人
弘化元年（一八四四）	一四二人
弘化二年（一八四五）	一三五人

『嘉永撰要類集』四九より。

にたたきこむぞと脅かされると、たちまち恐れおののいたのは不思議ではない。歌舞伎の「蔦紅葉宇都谷峠《つたもみじうつのやとうげ》」にあるように、牢屋はまさに「此世の地獄」であった。

与力同心の生活

与力の収入と生活費

裕福な吟味方与力

賀茂真淵《かものまぶち》門下で歌人・国学者また書家としても名が高い加藤千蔭《ちかげ》(一七三五―一八〇八、文化五年没、七四歳)は、通称又左衛門といい、父枝直《えなお》の跡をついで町奉行与力《ぶぎようよりき》を勤めていた。裁判担当の吟味方与力であったため、内証は随分と裕福であったという。娘を北方《きたかた》与力三村清兵衛のもとに嫁《とつ》がせた時、婚儀のしかたが奢っているというので隠居を仰せつけられたといわれている。そのころは松平定信が老中《ろうじゆう》で田沼意次《たぬまおきつぐ》の退役後のこともあって、格別に取締りの時節柄もわきまえないということで処罰されたのであるが、程なく御免になったといわれている(森銑三『人物逸話辞典』)。

内証の収入

幕末の与力で明治に生き残った佐久間長敬《おさひろ》は、その著『江戸町奉行事蹟問答』のなかで、与力同心は役得のほかさまざまな不正な役得があったことを認め、大略つぎのように記している。

その一。年功を経ていくつかの役職を兼務する者は、さまざまの名目で御三家をはじめ諸大名から扶持米（毎年の定収入となる）を受けるようになる。少ないのは五人扶持（約九〇石）から、多いのは二〇人扶持（約三六〇石）ぐらいである。

その二。諸大名の勝手方（財務担当、甲）からの依頼により、金銀貸借の周旋《しゅうせん》をする。一例をあげると、ある大名が町人（乙）より数千両を借用し、返済期限のおり督促《とくそく》を受けて困惑したとする。その時は財産家の二―三人（丙一、丙二など）を呼び、貸借の周旋をするのである。さきの大名の勝手方（甲）を呼び元利の精算をさせる。又は書きかえや利金の計算などをして、その古借をもどし、一度改正して新貸主（丙一、丙二）より融通させるのである。そして双方より相当の礼金を得る。

その三。諸藩の国産品を江戸の蔵屋敷に運びこみ、その筋の問屋を呼んで、入札払いをする場合である。入札のおり商人たちがいわゆる談合をして安値で払い下げをうけようとする気配があれば、入札を中止させる。その藩の国産掛役人から諸色掛与力へ願いに来ると、何等かの口実をつくり先例を附記してその商人へ名指しで払い下げの許可願を提出させる。この許可願の立案から諸手続きを教える。そしてその藩より月番老中へ願書を提出させると、書類は町奉行に渡ってくる。奉行より与力へと書類が廻ってくると、直ちに許可する旨の附箋《ふせん》を付けて奉行に返却する。諸問屋のうち某藩の望む問屋へ、国産品が払い下げの許可が取れるようにはかるのである。

これにより某藩の国産掛と特定の問屋との売買が成立し、与力は双方から相当の謝礼を受ける。これは公然と老中の許可があるのであるから、商人仲間をはじめ他より苦情を言う者はない。これらは年来の習慣であって、役人仲間のうちでも敢て議論する者もない。ただただ自己の昇進を望むばかりである。そのうちの無事に収入を得る方法の一、二である。

右にみたような定収以外に多大の収入を得た与力は、年功を経たものあるいは吟味方与力や諸色掛与力など、特定の部署にあるほんの一握りのものたちである。大半の与力同心は右のような役得の機会はまずない。したがって堅実な収入は、拝領屋敷地を賃貸するよりほかに方法はなかったのである（このことについては後述する）。

与力原家の家計

幕末の南町奉行与力原胤昭《たねあき》が、天保一一年（一八四〇）身上を譲りうけたおり、家計のおよその見積りは左の通りであった。

総収入　収納米二〇〇俵のうち、隠居二人分その他を差し引いた残りは七五・五俵となり、その代金は三〇両余となる。

一二一両余

内訳

禄米の代金　三〇両余（二五％）

地代　一八両余（一五％）

諸家収入　六三両余（五二％）

その他　一〇両余（　八％）

右により禄米だけの収入では、総収入の二五％にしかならない。地代の一五％、その他の八％を加えても四八％で半分に達しない。それにたいして諸家から得る収入は六三両余（五二％）と、全収入の過半をしめていることが判明する。これはあくまでも公表した分であるから、実際は諸家からの収入分はより多かったものと思われる。諸家収入のうち過半の三五両二分は「諸家歳暮見積」とのみあって個々の大名家の名前は詳《つまび》らかでない。但書に「水戸様長州銀六枚とも」と、あるのみである。参勤交代で出府したおりの大名からの附届けは二ヵ年平均一ヵ年見積で一〇両余である。鍋島家の三両一分、伊達家・南部家の一両一分などの名前が見える。ついで多いのは金二一両の「諸家中元見積」であるが、ここにも大名家の名前は記されていない。ただし次に示す定式入用（支出）の項のなかに、

一金二両　出入屋敷留守居百軒、暑寒見舞もの見積（出入屋敷とは、今でいえば各家の法律顧問の如く内外の公事に与かる相談役で、先方の申込みにより奉行推薦して定めるもの。留守居役は該屋敷の重役）

とあるから、原家にはおよそ百余の大名家より附届けがあったことが判明する。

一ヵ年の支出合計は七四両余とある。下男三人、下女二人、小女一人合計六人の給金は一五両二朱である。総収入から定式入用を引くと、金四六両余となる。その内の三一両は見積不足のおりの補金とする。残り一五両に臨時入用を加えて毎年二〇両ずつを積立てて家作土蔵大修理などの非常に備えよとある（原胤昭「江戸時代生計の一考察」『江戸文化』四巻九号）。

親の跡へ抱入れ

悴が親の跡へ

寛政元年（一七八九）五月南北両町奉行所で三人の同心《どうしん》が退職するにあたり、それぞれの息子を召抱えてほしい旨の願書が両奉行あてに提出されている。そこには三人の悴《せがれ》の氏名年齢、勤務年数のほか、父親の氏名と勤務年数が朱書で記されてある。参考までに左に挙げておく。

高弐拾俵弐人扶持《ぶち》　山村信濃守組同心

勤年数弐拾弐年

小林奥右衛門悴
酉三拾九歳

（朱書）父奥右衛門儀四拾四年相勤申候

（『安永撰要類集』一一六）

親のあとに新たに召し抱えられる三人の年齢は三九歳、三三歳、三一歳と決して若いとはいえない年齢である。したがって、それぞれの勤務年数は二二年、一七年、四年となっている。したがって右三人の勤務をはじめた年齢は一七歳、一一歳、二七歳というように若年の頃から親とともに勤務を続けていたことが判明する。父親の勤務年数が四四年、四一年、四八年と朱書で記してあり、息子を親の跡目に召し抱えるおりの重要な参考事項として重視されていたことを物語るものであろう。右三人はめでたく奉行により承諾され、親と同じ俸禄《ほうろく》をうけることになる。同心の世襲は制度上認められていないが、事実上は世襲が認められていたのと同様であった。では右の三人はこれまでの期間は、どのような資格で勤務していたかが問題となる。

見習の制

町奉行与力《よりき》あるいは同心になるには他よりの転入は稀《まれ》であり、大半は親の跡目を相続するのが通例となっている。親が退職するまでその子息は幼年のころより見習、または無足見習として奉行所に勤めていた。

与力の見習はいつごろより始まったかは詳《つまび》らかでないが、元文《げんぶん》（一七三六―四〇）のころより見習のものがあったとあり、また寛政（一七八九―一八〇〇）ころの与力小原惣右衛門の曾祖父小原六左衛門が貞享二年（一六八五）町奉行甲斐庄《かいのしょう》飛驒守正親《まさちか》（一六八〇―

九〇）が勤役のおり、見習代勤を任ぜられたという記録もある。与力見習の忰が父の跡に抱え入れられるのが慣例であり、正規に抱え入れられた後は、見習期間の長短に関係なく、抱え入れられた年月順に席順を昇るのが先格であった。見習勤務中は褒美金として銀二枚であったが、天明八年（一七八八）より手当として銀一〇枚となった。

同心の見習もその最初は詳らかでないが、寛政ころの同心小川平兵衛の父小川与左衛門が寛保《かんぽう》二年（一七四二）御番見習に任ぜられたという。勤金の支給がいつごろから始まったかは詳らかでないが、享和《きようわ》（一八〇一—〇三）のころは金三両が支給されていた。

与力も同心も親の跡をできるだけ早くつぐにこしたことはない。そのためには幼少のころより見習として出仕し、見習期間を長くしておくほうが有利である。与力佐久間長敬は嘉永三年（一八五〇）四月、一二歳のとき与力見習となった。そのおり時の奉行から一五歳と心得るべしと達せられ、一五歳として勤務したという。年齢を実際よりも多く詐称することが公認されていたわけであり、それだけ幼少のうちより見習として勤務した実態の一面が理解されよう。それはまた本勤となるための競争が激しかったことを物語るものでもある。

親が高齢となり息子が成人していればよいが、子供がないかあるいは娘のみの場合は、養子を迎えることになる。この場合は事前に組頭《くみがしら》の承諾が必要となる。町奉行与力同心の場合、与力なら年番与力、同心なら年寄《としより》同心といった年功者に事前の了解を取り、願書とともに添状を提出するのが当時のしきたりであった。この場合、将来聟《むこ》養子と娘とを結婚させることを書き添えている例がある。

養子縁組

私儀、悴ござなく候ニ付、此度《このたび》大御番加納大和守与力安藤源之進弟、同苗茂三郎と申、当辰拾三歳相なり候もの、私聟養子縁談取組引取置、追而《おって》娘と嫁合申したく此儀願い奉り候以上、

文政三辰年正月　　　　　　　　　　　　徳岡栄蔵印

岩瀬伊予守様

（『南撰要類集』一〇）

通常養子を迎える場合、何らかの血縁があることが多いのは自然であろう。文政一〇年（一八二七）与力佐野五郎太夫は、父方従弟の続柄の向方与力秋山幸八郎の弟、同苗伴蔵（三三歳）を養子として迎えている。また同一三年（一八三〇）与力蜂屋新五郎は男子がないため、弟の与力の三男尾崎久次郎（一七歳）を、同一二年（一八二九）与力佐久間彦太夫は男子がないため、甥の火消役の与力細谷平次郎三男細谷健三郎（二〇歳）を養子にす

ることを願い出ている。後者の二例については隠密《おんみつ》廻りより本人の身辺調査が行われ、報告書としての風聞書が添えられてある。その要旨は、二通とも本人についてこれといった噂のないこと。人物は柔和などと、素行と性格が重視されていたことが判明する。

八丁堀の組屋敷

八丁堀組屋敷のはじめ

江戸の初期に八丁堀（もと京橋区、現中央区）と俗称された一帯は寺社地であったが、寛永年間（一六二四―四三）に寺院を下谷・浅草方面に移転させた。その跡を武家地とし、町奉行与力《ぶぎようよりき》の屋敷地にしたといわれている。林美一氏によると八丁堀に町奉行与力同心《どうしん》たちが、組屋敷を形成して集住したのを地図の上で認められるのは、承応（一六五二―五四）の江戸図であるという（「八丁堀組屋敷」『朝日放送』昭和四九年七月号）。本八丁堀二丁目（現中央区、この地区はのち岡崎町と呼ばれる町地となる）のすぐ北側四町にわたって「神尾備前与力」とあり、さらに北側三町にわたり「石谷将監与力」とあって、北端は道をへだてて茅場《かやば》町の山王御旅所に接してい

図５　寛文10年江戸図（部分）

る。

　神尾備前とは当時南町奉行であった神尾備前守元勝（寛永一五―寛文元年、一六三八―六一在職）のことであり、石谷将監とは北町奉行であった石谷左近将監貞勝（慶安三―万治二年、一六五〇―五九在職）のことである。しかしこのおりは未《ま》だ同地に同心が居住していたかは詳《つまび》らかでない。この地に同心が居住していたのが確認できるのは寛文（一六六一―七二）年間である。寛文一〇年（一六七〇）の江戸図では「渡辺大スミ与力」「同心」「嶋田イヅモ与力」「同心」とある。ともに当時の町奉行でその在職期間は、渡辺大隅守綱貞（寛文元―延宝元年、一六六一―七三）、島田出雲守忠政（寛文七年―天和元年、一六六七―八二）である。同心が与力とともに八丁堀に居住するようになったのは寛文年間であるといえよう。

組屋敷の居住者

八丁堀組屋敷には、町奉行与力同心のほか、多くの町人が居住していた。それらの人々の職業は医師・手跡（書道）指南をはじめ絵師など特定のものが多かったのが大きな特色となっている。たとえば文久の金吾堂版の「八丁堀細見図」を見れば、右に述べた職業人が少なくなかったことが容易に判明できる。八丁堀の七不思議のなかにも「儒者、医者、犬の糞」とあるのも、右の事情を物語るものであろう。本来武家地であったため借屋人の職業がおのずから限定された結果と考えられる。しかし必ずしも右のような職業のものばかりではなかった。それも時代の降るにつれて、いかがわしい居住者も多くなっていったようである。

居住者のなかには著名人も少なくない。たとえば青木昆陽は正規に召抱えられる前は、その保護者でもあった与力加藤枝直のもとに一時居住していたことがある。また賀茂真淵門下の国学者村田春海は、小舟町の干鰯《ほしか》問屋で十八大通の一人で遊名を魚長と称した村田屋次兵衛（村田平四郎、伝蔵）で、のち与力板倉善右衛門の家の台所だけを買い求めて居住していた時期もあった（中村次郎八『古翁雑話』東京国立博物館蔵）。

組屋敷に住む与力同心のうち草分け与力といわれたような有力な与力を除いて、多くの与力同心の生活は、土地家屋を賃貸しその収入でもって生活費の重要な支柱としていた。したがって同心のなかには与力の地面内に居住し、自己の拝領屋敷地を賃貸する者が少なくなかった。また借家を造作して町人に貸して生活費にあてる者もあった。金を工面して大工に造作を依頼し出来たのはよいが、借金のやりくりに支障をきたして大工に訴えられた同心もあった。

大工に訴えられる

弘化四年（一八四七）北町奉行同心高部安次郎は、拝領町屋敷内に貸長屋の普請《ふしん》をした。甚左衛門町（現中央区日本橋小網町の一部）弥七店《だな》大工幸助が同年四月中に請負い、六月に完成した。代金は六〇両二分と銀五匁《もんめ》であった。しかし同年一〇月になっても支払われたのは二〇両のみであった。残金は四〇両二分と銀五匁もあるので、大工幸助は安次郎地面家主の与吉を相手どり南町奉行所に訴えでた。そのため南町奉行所では現在吟味中であるが、大工幸助と家主与吉とが対談しても話がまとまらない。このままでは同心高部安次郎を南町奉行所へ呼びだすようになる。それは穏やかではないと、暗に北町奉行所内で善処することを求める一〇月二五日の手紙が、南町奉行与力村井専右衛門・仁杉八右衛門より北町奉行与力の谷村源左衛門・都筑《つづき》十左衛門宛に送られている。

翌一一月二五日付の谷村・都筑より村井・仁杉宛の返書には、同心高部安次郎は普請が完成したおり、町会所より借用するつもりでいたところ、貸付をうけることはできなかった。とりあえず他より二〇両ほど借用して支払いにあてた。しかしその二〇両の返済期限も過ぎ頻りに催促を受けている状態である。昨二四日大工幸助と家主与吉との対談がようやくまとまったので、同心安次郎を奉行所へ呼びだすことはしばらく猶予を願いたいとある（『与力同心』六）。

右の件はそのごどのように展開していったかは不詳であるが、決して特異な例ではないことは、一二年後の安政六年（一八五九）にも、貸長屋家作普請代金未払いについて北町奉行同心二藤惣左衛門が大工より訴えられているのをみても判明する。それは安政五年（一八五八）四月北町奉行同心二藤惣左衛門より住居むきの普請の依頼をうけた神田花房町（現千代田区）の大工は、早速仕事にとりかかった。同年七月注文どおり普請はできたが、代金四五両銀九匁五分五厘《りん》のうち、翌六年一一月になっても支払は一八両三分にすぎない。未払分の二六両一分銀九匁五分五厘の支払いを願いでたものである（『組同心心得書留』二)。

いかがわしい居住者

八丁堀組屋敷内の居住者のなかには、いかがわしい者もあった。天保《てんぽう》七年(一八三六)一〇月北町奉行(大草高好)から同年番与力への申渡書、さらには年寄同心中へ達書が渡されている。その大要は、同心拝領地面内に居住する店借《たながり》のなかには博奕《ばくち》打や隠売女などの手引をする者、そのほか風儀のよくないことに携わる者などがいる。そのなかには組内の小者、あるいは稀《まれ》には同心の厄介《やっかい》者なども打ち交っている。これは当年二月中にも申渡したところであるが、このごろ弛んできたように聞いているので容赦なく召捕るよう廻り方の者に伝えておいた。地借店借のうち風儀のよろしくない者には、早々に店立ちを申付けるよう心がけ、各人の召仕や小者にも右の事柄をよくよく申し聞かせよとある(『組内組屋敷』一)。

同年二月の申渡しが十分守られず、そのため再び申し渡したのである。しかしのちの慶応四年(一八六八)四月の三廻上申書には、同心拝領町屋敷内に居住している者のなかには隠売女にまぎらわしいものがいる。またその手引きをする者がいるので内密に調査したとして二八人の名前を挙げている(『組同心心得書留』八)。右により少なくとも天保(一八三〇—四三)のはじめころより、組屋敷地内では一般の町地とさほど変らない状態になっていたといえよう。

嘉永五年（一八五二）正月隠密廻の上申書には、北組同心の間米弥右衛門拝領地面内で岡崎町大工長吉は、薬湯《やくとう》を開業し深夜まで営業して男女混浴させている。また二階では多人数が集会して囲碁将棋などを催していると報じている。翌二月には名主・家主の連名で大工長吉に中止させる旨の請書が提出されている（『七十冊物類集』一二）。右の件も同心拝領地内でも、一般の町地とさして変りはないことを示したものであろう。

八丁堀組屋敷地内は場所柄治安がよく押売などがないとして町人の間では人気があったようであるが、必ずしも一〇〇％安全ではなかった。

弘化三年（一八四六）には北組同心遠藤啓蔵、高橋伊三郎、桜井平四郎の宅に無宿庄太郎なる者が三月以降翌年末まで盗みに入り、右三人よりそれぞれ盗難届が出ている。盗品は衣類や金銭であるが、同心宅が盗難にあっていたわけであり、組屋敷内の安全性も若干の疑問が残る（『与力同心』六）。

与力住居の間取りなどを図示したものとして、天保八年（一八三七）谷村猪十郎拝領屋敷の見取図がある。これは『天保撰要類集』一二八の見取図をもとに、中村静夫氏が作図されたものである（『文芸広場』五二ノ一〇）。同氏によると谷村氏の屋敷は八丁堀組屋敷

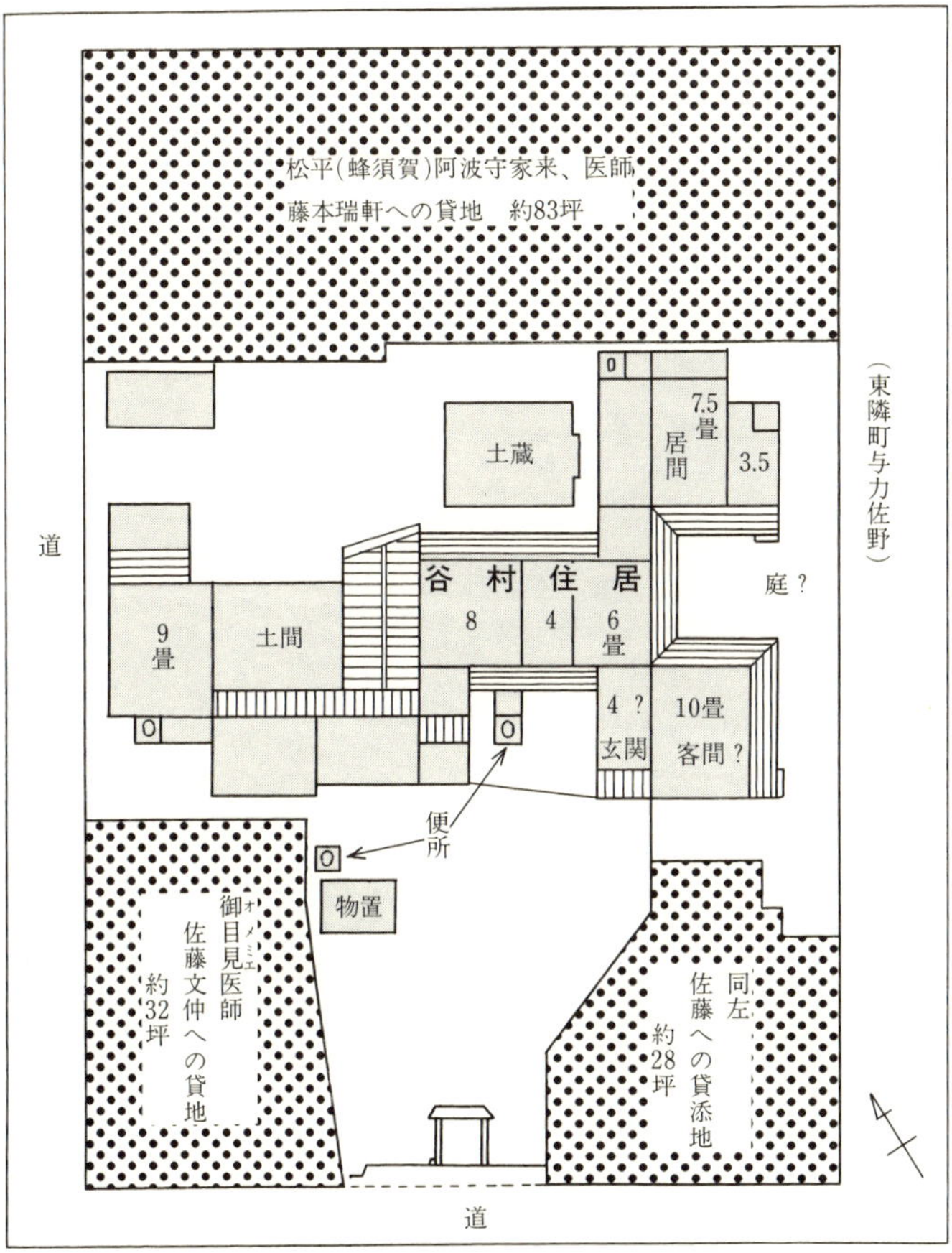

図６　町与力 谷村猪十郎拝領屋敷

所在地：八丁堀組屋敷北部　俗称：代官ヤシキ(辺)　時代：天保８年（1837）
谷村拝領屋敷　312坪（すべて武家地）？→推定
谷村実質屋敷　約169坪　うち建坪約75坪
貸　　　地　約143坪

内の北部にあり、現在の日本橋交差点（コレド日本橋）から東方四五〇メートルの地点で、茅場町一丁目二〇番の辺である。与力の住居を具体的に示した貴重なものである。

与力家庭の年中行事

残されている記録

『江戸町方与力』（謄写版刷、国立国会図書館蔵）なる書がある。監修佐久間弥太吉長敬《おさひろ》。編著者は安藤源五左衛門親枝、尾崎繁之助将栄、仁杉五郎八郎英、原弥三郎胤昭《たねあき》で、いずれも元町方与力《よりき》とある。大正七年稿、同一三年四月寄贈原胤昭である。この内に、与力家庭の年中行事についての記述がある。他の類書では見られず、また本書も他に架蔵が見られないようであるため、やや長文ではあるが、与力家庭の年中行事を知るための参考として挙げておく。

正　月

新年ノ設備。門前ニ木柱二本ヲ立テ松及竹ヲ飾リ、根ニ松薪ヲ周《めぐ》ラシ、木材又ハ竹ヲ両柱ニ架シ門形ヲナシ之ニ注連《しめ》ヲ掛ク、注連ニハ幣、歯朶《しだ》、楪《ゆずりは》、橙《だいだい》、海老《えび》、昆布《こんぶ》、神馬藻《じんめそう》（じんばそう）ト榧実《かやのみ》、勝栗、野老《ところ》ノ類ヲ奉書紙ニ包ミ、紅白ノ水引ニテ結ヒタル福包ト称スルモノトヲ結ヒ付ク。門内玄関前ニ杭ヲ立テ稍小ナル松ヲ立テ玄関敷台ノ鴨居《かもい》ニ亦《また》注連ヲ掛ク。其他家内間毎ニ輪飾ヲ掛ク。

座鋪《ざしき》ノ床ニハ喰積台ヲ置ク。大ナル三方ニ奉書紙ヲ敷キ、歯朶ヲ載セ白米ヲ盛リ、根アル小松ヲ立テ楪、橙、海老、榧、勝栗、神馬藻、野老、熨斗《のし》目等ヲ添ヘ金銀ノ水引ヲ以テ装飾ス。又白木ノ台ニ大ナル鏡餅ヲ飾リ、或ハ輪取リト称スル円形ニシテ厚キ餅ニ菱形ノモノヲ重ネ飾ルアリ。何レモ歯朶、楪、昆布、海老、福包等ヲ載ス。

玄関ノ天井ヨリ棚ヲ吊リ下ケ当年ノ恵方ニ向ヒ歳徳神ヲ祭リ、注連ヲ張リ神酒餅ヲ供シ之ヲ歳神棚ト称ス。以上ノ設備ニ就テハ家々ニ依リ其法ヲ異ニシテ、必ラスシモ一様ナラス。

元日。主人ハ年賀ノ礼トシテ暁七ツ時前、熨斗目麻上下ニテ奉行所ニ出頭ス。若党、鑓《やり》持、草履《ぞうり》取、挟箱持等ヲ従ヘ箱挑灯《はこぢょうちん》ヲ携フ。家族ハ礼装シテ其帰宅ヲ待ツ。即チ妻ハ襠《うちかけ》、男子五歳以上ハ麻上下ヲ着ス。主人帰宅スレバ家族一同ノ年礼ヲ受ケ、祝膳ニ就《つ》キ雑煮ヲ食シ屠蘇ノ杯ヲ挙ク。

雑煮ハ味噌汁ニシテ餅、焼豆腐、芋、大根、菜ヲ入ル。

鱠《なます》ハ田作《たづくり》及刻ミ大根トス、平ハ焼豆腐、牛蒡《ごぼう》、胡蘿蔔《にんじん》、芋、田作・取肴・数ノ子、焼肴、鮭等ナリ。

終テ親族同僚ニ年始ノ廻礼ヲナス。

三日迄ハ大略同一ナリ。其後ハ妻女ハ裾模様紋付ノ装ヲナシ、子女亦之《またこれ》ニ準ス。年始ノ客来ルアレハ屠蘇《とそ》ノ祝杯ヲ侑《すす》ム。吸物ニハ鱈《たら》昆布又白魚菜等ノ清汁《すましじる》ヲ出シ、重詰ナル数ノ子、煮豆、牛蒡、昆布巻鮒等、取肴ヲ饗ス。

親族ノ婦人ノ年礼ニハ年玉トシテ其家ノ僕婢ニ相当ノ物品ヲ与フルヲ例トス。而シテ婦人ノ年礼ハ必ラスシモ年首ニ限ラス、二三月ニ於テスルモアリ。

六日。門飾リ及外部ノ注連ヲ撤去ス。此夜七種《ななくさ》ヲ囃《はや》ス。俎上《そじょう》ニ薺《なずな》及菜ト杓子、擂《すり》木《こぎ》、菜箸、薪、庖丁、火箸、銅壺ノ蓋トヲ載セ唱歌ヲ唱ヘツヽ、擂木ヲ以テ俎《まないた》ヲ扣《たた》ク、宵ト夜中ト暁ノ三回之ヲ行フ。

七日。七種粥《がゆ》ヲ祝フ。

一一日。具足《ぐそく》開キト称シ備餅及飾餅ヲ崩シ、神前ニ供シ汁粉《しるこ》ヲ製シテ之ヲ食ス。

一四日。一般ノ注連ヲ撤シ、削リ掛ケト称スル柳ノ枝ヲ削リ掛ケタルモノヲ掛ク。

一五日。小豆《あずき》粥ヲ祝フ。此粥ヲ煮ル竈《かまど》ニテ注進ノ類ヲ燃焼ス。

十七日。本日ヨリ主人奉行所ニ出勤事務ニ従フ。正月上旬古来ヨリ契約ニ依リ定マリタル日ニ三河萬歳来ル。太夫ハ素袍(襖)折烏帽子《えぼし》帯刀、才蔵ハ侍烏帽子ヲ著ス、酒ヲ饗シ鼓ヲ打チ舞ヒ謡フ、滑稽詼謔《かいぎゃく》ヲ極ム。近隣ノ子女ヲ請シテ之ヲ観セシム。鏡餅若クハ白米目録ヲ贈ル。大神楽ト称シ種々ノ曲技ヲナス者亦夕例ニ照シテ来リ演ス。近隣ノ子女ヲ招クコト前ノ如シ。福引キ歌留多《かるた》遊等ヲ催フシ子女ヲ慰ム。

二—一二月

二月。午ノ日邸内勧請ノ稲荷ノ祭事ヲ修ス。附近ノ神官ヲ請シ、又太鼓ノ類ヲ備ヘ近傍ノ子女ヲシテ自由ニ遊戯セシム。

八日。神事納ト称シ目笊《ざる》ヲ竿頭ニ貫キ、高ク之ヲ掲ケ又御事汁《おことじる》ト称シ蘿蔔《だいこん》、胡蘿蔔《にんじん》、芋、蒟蒻《こんにやく》、焼豆腐、小豆ノ味噌汁ヲ食ス。

三月。三日上巳《じようし》ノ節句、雛祭執行、親戚ノ女児ヲ集メ饗ス。女児ノ生後始テ此辰ニ逢フ者アルトキハ、親類知人ヨリ祝ノ贈物等アレハ、其人々ヲ請シテ宴ヲ張リ又菱餅ヲ贈ル。

四月八日。茅場町薬師堂ニ於テ仏生会《ぶつしようえ》執行サル、相率ヒテ参詣ス。

五月。五日、端午《たんご》ノ節句、幟《のぼり》菖蒲《しようぶ》刀武者人形等ヲ餝《かざ》リ祝ス。男児ノ始ヲ此辰ニ逢フ者アルトキハ、親族知人ヲ会シテ宴ヲ張ル。此日菖蒲ヲ門及軒ニ挿シ菖蒲酒ヲ祝フ。

又柏餅ヲ製シテ贈物トス。

六月。一五日、産土神山王権現祭日。赤飯ヲ焚キ之ヲ祝ス。隔年神輿茅場町御旅所ニ渡御ノ節ハ、家族等相率ヒテ其行列ヲ観、且ツ参拝ヲナス。

一六日。嘉祥祝ト称シ、家族等各銭一六文ニ値《あた》ル菓子又ハ鮓《すし》ノ類ヲ購ヒ食ス。但之ヲ食ヒ終ルマテ笑フコトヲ禁シ、之ヲ犯セハ不吉トス。サレハ他ヲシテ笑ハシメントシテ却テ自ラ笑フニ至ル者、頗《すこぶ》ル滑稽ヲ極ムルコトアリ。

六月土用中暑中見舞ト称シ、同僚親族相互ニ贈答ヲナス。

七月。七日、七夕ノ節句五色ノ紙ヲ色紙短冊ノ形ニ截リ、家族一同筆硯ヲ改メテ之ニ詩歌等ヲ書シ、竹ノ葉ニ結ヒ、尚梱（ママ）其他魚ノ形等ヲ作リ添テ高ク掲ク。是ハ六日ノ朝ヨリ八日ノ朝ニ至ル、此日素麪ヲ食ス。

一三日。本日より盂蘭盆会ヲ営ム。主人ハ麻上下ニテ先ツ菩提寺ニ参詣シ、夕刻迎ヘ火トテ玄関先ニ於テ苧殻《おがら》ヲ焚キ、仏壇ニハ野菜果物香茶ヲ供ヘ迎霊ノ式ヲ行ヒ、又棚廻リト称シ、本日ヨリ三日間ニ親族ノ仏壇ニ参拝ス。

一五日。親族知己ニ中元ノ贈物ヲナシ、家族僕婢出入ノ者等ニ金銭物品ヲ与フ。両親在世スル者ハ生身魂《いきみたま》ト称シ魚ヲ呈ス。此夜送リ火ト称シ、迎火ト同シ式ヲ行フ。

一六日。薬師堂閻魔《えんま》王ノ賽日、人々参詣ス。

八月朔日。八朔ノ祝日。主人無紋白帷子麻上下着用。

一五日。大ナル団子ヲ作リ三方ニ数一五ト洗芋トヲ盛リ、芒《すすき》ヲ花生《はないけ》ニ挿シ月ニ供シ、知友相会シテ宴ヲ張ル。

九月。九日。重陽ノ節句、本日ヨリ綿入ヲ着ス。

一三日。後ノ月見。団子一三個ト枝豆、栗、柿、芋トヲ月ニ供ス。

一〇月。始ノ亥《い》ノ日ヲ玄猪《げんちょ》ト称し、炬燵《こたつ》ヲ開ク。

一一月。一五日。子女三歳ナルトキハ髪置《かみおき》。男子五歳の袴著《はかまぎ》。女子七歳ヲ帯解《おびとき》ト称シ祝ヲナシ、盛装セシメテ鎮守社ニ詣シ、親族知己ニ廻礼シ、親族知己ハ互ニ物ヲ贈リテ之ヲ祝福シ、夜ハ是等ノ人々ヲ会シテ大ニ宴ヲ張ル。

一二月。八日。御事始《おことはじめ》。都《すべ》テ二月ノ御事納ト同シ。

一三日。将軍家御殿ノ御煤払《すすはらい》日ナルヲ以テ此日煤払ヲ行フ者多シ。又御セチト称スル焼豆腐、胡蘿蔔、牛蒡、芋、田作ノ煮染《にしめ》ヲ食膳ニ供スルノ始メトス。是ハ歳末年首ノ各祝日ノ常例トス。

二五日。奉行所御用納。主人ハ此夜互ニ同僚ヲ廻礼シ、又下役同心何レモ其上役ノ宅ヲ廻礼ス、上役ニテハ酒肴ヲ饗ス。

二八日。松飾其他新年ノ設備ヲナス。

寒中親族同僚互ニ見舞ノ贈答ヲナシ、又歳末ノ贈答ヲナシ、婢僕等ニ金銭物品ヲ給与ス。

節分ノ夜大豆ヲ煎《い》り枡《ます》ニ入レ三方ニ載セ間毎ニ於テ撒豆ヲ為ス。終テ家族一同之ヲ拾ヒ封シテ守袋ニ納ム。其数己ノ歳ニ一ヲ加エタルモノトス。又同数ノ豆ト鐚《びた》一文トヲ紙ニ拈《ひね》リ之ヲ以テ身体ヲ拭ヒ、厄払《やくばらい》ト称スル者ニ与フ。

あとがき

一つのテーマについて、さまざまな切り口があろう。ところがこの切り口というのが問題である。その角度、斬新さがまさに問題となる。卵の黄味も、切りようでは三角にも四角にもなるのである。

本書は、冒頭の「プロローグ」で述べたように「江戸の町奉行《まちぶぎょう》」を裁判、治安・警察、そして与力・同心を含めての生活実態という三点から記述した。換言すれば右の三つをもって切り口としたわけである。

したがって「旧幕府引継書」（国立国会図書館蔵）のなかから右の視点より史料を求めたり、『御仕置例類集』などの法制史の分野の史料を多く参照することとなった。当時評定所《ひょうじょうしょ》での町奉行など当該事件担当者の議論の水準は、かなり高いものであったことは、すでに平松義郎氏によって指摘されている（『江戸の罪と罰』）。赦免《しゃめん》の期間などを含め、まだまだ開拓の余地のある分野ではなかろうか。

本書の題名から連想されるのは、大岡忠相《ただすけ》や遠山景元《かげもと》などの名奉行をはじめ、多くの町奉行たちの裁判や逸話といったものを期待されるむきもあったかもしれない。これらについては、また別によき機会があれば、まとめてみたいと願っている。

本書は企画の段階から吉川弘文館の大岩由明氏に大変お世話になった。誠に適切な助言をいただいたりして、本書ははじめて成立したといっても過言ではない。同社編集部の鎌本亜弓氏にもご苦労をおかけした。併せ記してお礼を申し上げたい。また一人一人のお名前を挙げることは略させていただくが、多くの人々や多数の著書・論稿から受けた学恩に感謝の意を表したい。さらに国立国会図書館をはじめ、多くの機関から史料の閲覧を許可されたことに、改めて御礼を申し上げる。

二〇〇五年三月

南　和　男

著者紹介
一九二七年、大阪府に生まれる
一九五一年、国学院大学文学部国史学科卒業
元駒澤大学教授、文学博士

主要著書
江戸の社会構造　幕末江戸社会の研究　江戸の風刺画　幕末維新の風刺画　幕末都市社会の研究　幕末江戸の文化

歴史文化ライブラリー
193

江戸の町奉行

二〇〇五年(平成十七)七月一日　第一刷発行
二〇一六年(平成二十八)三月二十日　第二刷発行

著者　南《みなみ》和《かず》男《お》
発行者　吉川道郎
発行所　株式会社 吉川弘文館
東京都文京区本郷七丁目二番八号
郵便番号一一三―〇〇三三
電話〇三―三八一三―九一五一〈代表〉
振替口座〇〇一〇〇―五―二四四
http://www.yoshikawa-k.co.jp/
印刷＝株式会社 平文社
製本＝ナショナル製本協同組合
装幀＝山崎　登

© Kazuo Minami 2005. Printed in Japan
ISBN978-4-642-05593-2

JCOPY 〈(社)出版者著作権管理機構　委託出版物〉
本書の無断複写は著作権法上での例外を除き禁じられています．複写される場合は，そのつど事前に，(社)出版者著作権管理機構(電話 03-3513-6969，FAX 03-3513-6979，e-mail: info@jcopy.or.jp)の許諾を得てください．

歴史文化ライブラリー

1996.10

刊行のことば

現今の日本および国際社会は、さまざまな面で大変動の時代を迎えておりますが、近づきつつある二十一世紀は人類史の到達点として、物質的な繁栄のみならず文化や自然・社会環境を謳歌できる平和な社会でなければなりません。しかしながら高度成長・技術革新にともなう急激な変貌は「自己本位な刹那主義」の風潮を生みだし、先人が築いてきた歴史や文化に学ぶ余裕もなく、いまだ明るい人類の将来が展望できていないようにも見えます。このような状況を踏まえ、よりよい二十一世紀社会を築くために、人類誕生から現在に至る「人類の遺産・教訓」としてのあらゆる分野の歴史と文化を「歴史文化ライブラリー」として刊行することといたしました。

小社は、安政四年（一八五七）の創業以来、一貫して歴史学を中心とした専門出版社として書籍を刊行しつづけてまいりました。その経験を生かし、学問成果にもとづいた本叢書を刊行し社会的要請に応えて行きたいと考えております。

現代は、マスメディアが発達した高度情報化社会といわれますが、私どもはあくまでも活字を主体とした出版こそ、ものの本質を考える基礎と信じ、本叢書をとおして社会に訴えてまいりたいと思います。これから生まれでる一冊一冊が、それぞれの読者を知的冒険の旅へと誘い、希望に満ちた人類の未来を構築する糧となれば幸いです。

吉川弘文館

歴史文化ライブラリー

近世史

神君家康の誕生 東照宮と権現様——曽根原 理
江戸の政権交代と武家屋敷——岩本 馨
江戸の町奉行——南 和男
江戸御留守居役 近世の外交官——笠谷和比古
検証 島原天草一揆——大橋幸泰
大名行列を解剖する 江戸の人材派遣——根岸茂夫
江戸大名の本家と分家——野口朋隆
赤穂浪士の実像——谷口眞子
〈甲賀忍者〉の実像——藤田和敏
江戸の武家名鑑 武鑑と出版競争——藤實久美子
武士という身分 城下町萩の大名家臣団——森下 徹
旗本・御家人の就職事情——山本英貴
武士の奉公 本音と建前 江戸時代の出世と処世術——高野信治
宮中のシェフ、鶴をさばく 江戸時代の朝廷と庖丁道——西村慎太郎
馬と人の江戸時代——兼平賢治
犬と鷹の江戸時代 〈犬公方〉綱吉と〈鷹将軍〉吉宗——根崎光男
江戸時代の孝行者 「孝義録」の世界——菅野則子
死者のはたらきと江戸時代 遺訓・家訓・辞世——深谷克己
近世の百姓世界——白川部達夫
江戸の寺社めぐり 鎌倉・江ノ島・お伊勢さん——原 淳一郎
宿場の日本史 街道に生きる——宇佐美ミサ子
〈身売り〉の日本史 人身売買から年季奉公へ——下重 清
江戸の捨て子たち その肖像——沢山美果子
歴史人口学で読む江戸日本——浜野 潔
それでも江戸は鎖国だったのか オランダ宿 日本橋長崎屋——片桐一男
江戸の文人サロン 知識人と芸術家たち——揖斐 高
江戸と上方 人・モノ・カネ・情報——林 玲子
エトロフ島 つくられた国境——菊池勇夫
災害都市江戸と地下室——小沢詠美子
浅間山大噴火——渡辺尚志
江戸時代の医師修業 学問・学統・遊学——海原 亮
江戸の流行り病 麻疹騒動はなぜ起こったのか——鈴木則子
江戸幕府の日本地図 国絵図・城絵図・日本図——川村博忠
江戸城が消えていく 『江戸名所図会』の到達点——千葉正樹
都市図の系譜と江戸——小澤 弘
江戸の地図屋さん 販売競争の舞台裏——俵 元昭
近世の仏教 華ひらく思想と文化——末木文美士
江戸時代の遊行聖——圭室文雄
江戸の風刺画——南 和男
幕末維新の風刺画——南 和男
ある文人代官の幕末日記 林鶴梁の日常——保田晴男

歴史文化ライブラリー

近・現代史

歴史文化ライブラリー

海外観光旅行の誕生——有山輝雄
関東大震災と戒厳令——松尾章一
モダン都市の誕生 大阪の街・東京の街——橋爪紳也
激動昭和と浜口雄幸——川田 稔
昭和天皇側近たちの戦争——茶谷誠一
海軍将校たちの太平洋戦争——手嶋泰伸
植民地建築紀行 満洲・朝鮮・台湾を歩く——西澤泰彦
帝国日本と植民地都市——橋谷 弘
稲の大東亜共栄圏 帝国日本の〈緑の革命〉——藤原辰史
地図から消えた島々 幻の日本領と南洋探検家たち——長谷川亮一
日中戦争と汪兆銘《おうちょうめい》——小林英夫
モダン・ライフと戦争 スクリーンのなかの女性たち——宜野座菜央見
彫刻と戦争の近代——平瀬礼太
特務機関の謀略 諜報とインパール作戦——山本武利
首都防空網と〈空都〉多摩——鈴木芳行
陸軍登戸研究所と謀略戦 科学者たちの戦争——渡辺賢二
帝国日本の技術者たち——沢井 実
〈いのち〉をめぐる近代史 堕胎から人工妊娠中絶へ——岩田重則
戦争とハンセン病——藤野 豊
「自由の国」の報道統制 大戦下の日系ジャーナリズム——水野剛也
敵国人抑留 戦時下の外国民間人——小宮まゆみ
銃後の社会史 戦死者と遺族——一ノ瀬俊也
海外戦没者の戦後史 遺骨帰還と慰霊——浜井和史
国民学校 皇国の道——戸田金一
学徒出陣 戦争と青春——蜷川壽惠
〈近代沖縄〉の知識人 島袋全発の軌跡——屋嘉比 収
沖縄戦 強制された「集団自決」——林 博史
戦後政治と自衛隊——佐道明広
米軍基地の歴史 世界ネットワークの形成と展開——林 博史
沖縄 占領下を生き抜く 軍用地・通貨・毒ガス——川平成雄
昭和天皇退位論のゆくえ——冨永 望
紙 芝 居 街角のメディア——山本武利
団塊世代の同時代史——天沼 香
闘う女性の20世紀 地域社会と生き方の視点から——伊藤康子
丸山真男の思想史学——板垣哲夫
文化財報道と新聞記者——中村俊介

文化史・誌

毘沙門天像の誕生 シルクロードの東西文化交流——田辺勝美
世界文化遺産 法隆寺——高田良信
落書きに歴史をよむ——三上喜孝
密教の思想——立川武蔵
霊場の思想——佐藤弘夫

歴史文化ライブラリー

四国遍路 さまざまな祈りの世界――星野英紀・浅川泰宏
跋扈《ばっこ》する怨霊 祟りと鎮魂の日本史――山田雄司
将門伝説の歴史――樋口州男
藤原鎌足、時空をかける 変身と再生の日本史――黒田 智
変貌する清盛 『平家物語』を書きかえる――樋口大祐
鎌倉 古寺を歩く 宗教都市の風景――松尾剛次
空海の文字とことば――岸田知子
鎌倉大仏の謎――塩澤寛樹
日本禅宗の伝説と歴史――中尾良信
水墨画にあそぶ 禅僧たちの風雅――高橋範子
日本人の他界観――久野 昭
観音浄土に船出した人びと 熊野と補陀落渡海――根井 浄
殺生と往生のあいだ 中世仏教と民衆生活――苅米一志
浦島太郎の日本史――三舟隆之
宗教社会史の構想 真宗門徒の信仰と生活――有元正雄
読経の世界 能読の誕生――清水眞澄
戒名のはなし――藤井正雄
墓と葬送のゆくえ――森 謙二
仏画の見かた 描かれた仏たち――中野照男
ほとけを造った人びと 止利仏師から運慶・快慶まで――根立研介
〈日本美術〉の発見 岡倉天心がめざしたもの――吉田千鶴子
祇園祭 祝祭の京都――川嶋將生
洛中洛外図屛風 つくられた〈京都〉を読み解く――小島道裕
茶の湯の文化史 近世の茶人たち――谷端昭夫
海を渡った陶磁器――大橋康二
時代劇と風俗考証 やさしい有職故実入門――二木謙一
乱舞の中世 白拍子・乱拍子・猿楽――沖本幸子
歌舞伎と人形浄瑠璃――田口章子
神社の本殿 建築にみる神の空間――三浦正幸
古建築修復に生きる 屋根職人の世界――原田多加司
大工道具の文明史 日本・中国・ヨーロッパの建築技術――渡邉 晶
苗字と名前の歴史――坂田 聡
日本人の姓・苗字・名前 人名に刻まれた歴史――大藤 修
読みにくい名前はなぜ増えたか――佐藤 稔
数え方の日本史――三保忠夫
大相撲行司の世界――根間弘海
武道の誕生――井上 俊
日本料理の歴史――熊倉功夫
吉兆 湯木貞一 料理の道――末廣幸代
アイヌ文化誌ノート――佐々木利和
流行歌の誕生 「カチューシャの唄」とその時代――永嶺重敏
話し言葉の日本史――野村剛史

歴史文化ライブラリー

- 日本語はだれのものか——川口　良・角田史幸
- 「国語」という呪縛 国語から日本語へ、そして〇〇語へ——川口　良・角田史幸
- 柳宗悦と民藝の現在——松井　健
- 遊牧という文化 移動の生活戦略——松井　健
- 薬と日本人——山崎幹夫
- マザーグースと日本人——鷲津名都江
- 金属が語る日本史 銭貨・日本刀・鉄炮——齋藤　努
- 書物に魅せられた英国人 フランク・ホーレーと日本文化——横山　學
- 災害復興の日本史——安田政彦
- 夏が来なかった時代 歴史を動かした気候変動——桜井邦朋

民俗学・人類学

- 日本人の誕生 人類はるかなる旅——埴原和郎
- 倭人への道 人骨の謎を追って——中橋孝博
- 神々の原像 祭祀の小宇宙——新谷尚紀
- 女人禁制——鈴木正崇
- 民俗都市の人びと——倉石忠彦
- 鬼の復権——萩原秀三郎
- 雑穀を旅する——増田昭子
- 川は誰のものか 人と環境の民俗学——菅　豊
- 名づけの民俗学 地名・人名はどう命名されてきたか——田中宣一
- 番と衆 日本社会の東と西——福田アジオ
- 記憶すること・記録すること 聞き書き論ノート——香月洋一郎
- 番茶と日本人——中村羊一郎
- 踊りの宇宙 日本の民族芸能——三隅治雄
- 日本の祭りを読み解く——真野俊和
- 柳田国男 その生涯と思想——川田　稔
- 海のモンゴロイド ポリネシア人の祖先をもとめて——片山一道

世界史

- 中国古代の貨幣 お金をめぐる人びとと暮らし——柿沼陽平
- 黄金の島 ジパング伝説——宮崎正勝
- 琉球と中国 忘れられた冊封使——原田禹雄
- 古代の琉球弧と東アジア——山里純一
- アジアのなかの琉球王国——高良倉吉
- 琉球国の滅亡とハワイ移民——鳥越皓之
- 王宮炎上 アレクサンドロス大王とペルセポリス——森谷公俊
- イングランド王国と闘った男 ジェラルド・オブ・ウェールズの時代——桜井俊彰
- 魔女裁判 魔術と民衆のドイツ史——牟田和男
- フランスの中世社会 王と貴族たちの軌跡——渡辺節夫
- ヒトラーのニュルンベルク 第三帝国の光と闇——芝　健介
- 人権の思想史——浜林正夫
- グローバル時代の世界史の読み方——宮崎正勝

歴史文化ライブラリー

考古学

タネをまく縄文人 最新科学が覆す農耕の起源——小畑弘己
農耕の起源を探る イネの来た道——宮本一夫
O脚だったかもしれない縄文人 人骨は語る——谷畑美帆
老人と子供の考古学——山田康弘
〈新〉弥生時代 五〇〇年早かった水田稲作——藤尾慎一郎
交流する弥生人 金印国家群の時代の生活誌——高倉洋彰
古　墳——土生田純之
東国から読み解く古墳時代——若狭　徹
神と死者の考古学 古代のまつりと信仰——笹生　衛
銭の考古学——鈴木公雄
太平洋戦争と考古学——坂詰秀一

古代史

邪馬台国　魏使が歩いた道——丸山雍成
邪馬台国の滅亡 大和王権の征服戦争——若井敏明
日本語の誕生 古代の文字と表記——沖森卓也
日本国号の歴史——小林敏男
古事記のひみつ 歴史書の成立——三浦佑之
日本神話を語ろう イザナキ・イザナミの物語——中村修也
東アジアの日本書紀 歴史書の誕生——遠藤慶太
〈聖徳太子〉の誕生——大山誠一
聖徳太子と飛鳥仏教——曾根正人
倭国と渡来人 交錯する「内」と「外」——田中史生
大和の豪族と渡来人 葛城・蘇我氏と大伴・物部氏——加藤謙吉
白村江の真実　新羅王・金春秋の策略——中村修也
古代豪族と武士の誕生——森　公章
飛鳥の宮と藤原京 よみがえる古代王宮——林部　均
古代出雲——前田晴人
エミシ・エゾからアイヌへ——児島恭子
古代の皇位継承 天武系皇統は実在したか——遠山美都男
持統女帝と皇位継承——倉本一宏
古代天皇家の婚姻戦略——荒木敏夫
高松塚・キトラ古墳の謎——山本忠尚
壬申の乱を読み解く——早川万年
家族の古代史 恋愛・結婚・子育て——梅村恵子
万葉集と古代史——直木孝次郎
地方官人たちの古代史 律令国家を支えた人びと——中村順昭
古代の都はどうつくられたか 中国・日本・朝鮮・渤海——吉田　歓
平城京に暮らす 天平びとの泣き笑い——馬場　基
平城京の住宅事情 貴族はどこに住んだのか——近江俊秀
すべての道は平城京へ 古代国家の〈支配の道〉——市　大樹
都はなぜ移るのか 遷都の古代史——仁藤敦史

歴史文化ライブラリー

聖武天皇が造った都 難波宮・恭仁宮・紫香楽宮——小笠原好彦
悲運の遣唐僧 円載の数奇な生涯——佐伯有清
遣唐使の見た中国——古瀬奈津子
古代の女性官僚 女官の出世・結婚・引退——伊集院葉子
平安朝 女性のライフサイクル——服藤早苗
平安京のニオイ——安田政彦
平安京の災害史 都市の危機と再生——北村優季
天台仏教と平安朝文人——後藤昭雄
藤原摂関家の誕生 平安時代史の扉——米田雄介
安倍晴明 陰陽師たちの平安時代——繁田信一
平安時代の死刑 なぜ避けられたのか——戸川 点
源氏物語の風景 王朝時代の都の暮らし——朧谷 寿
古代の神社と祭り——三宅和朗
時間の古代史 霊鬼の夜、秩序の昼——三宅和朗

中世史

源氏と坂東武士——野口 実
熊谷直実 中世武士の生き方——高橋 修
鎌倉源氏三代記 一門・重臣と源家将軍——永井 晋
吾妻鏡の謎——奥富敬之
鎌倉北条氏の興亡——奥富敬之
三浦一族の中世——高橋秀樹
都市鎌倉の中世史 吾妻鏡の舞台と主役たち——秋山哲雄
源 義経——元木泰雄
弓矢と刀剣 中世合戦の実像——近藤好和
騎兵と歩兵の中世史——近藤好和
その後の東国武士団 源平合戦以後——関 幸彦
声と顔の中世史 戦さと訴訟の場景より——蔵持重裕
運 慶 その人と芸術——副島弘道
乳母の力 歴史を支えた女たち——田端泰子
荒ぶるスサノヲ、七変化 〈中世神話〉の世界——斎藤英喜
曽我物語の史実と虚構——坂井孝一
親鸞と歎異抄——今井雅晴
日 蓮——中尾 堯
捨聖《すてひじり》一遍——今井雅晴
神や仏に出会う時 中世びとの信仰と絆——大喜直彦
神風の武士像 蒙古合戦の真実——関 幸彦
鎌倉幕府の滅亡——細川重男
足利尊氏と直義 京の夢、鎌倉の夢——峰岸純夫
高 師直 室町新秩序の創造者——亀田俊和
新田一族の中世 「武家の棟梁」への道——田中大喜
地獄を二度も見た天皇 光厳院——飯倉晴武
東国の南北朝動乱 北畠親房と国人——伊藤喜良

歴史文化ライブラリー

南朝の真実 忠臣という幻想――亀田俊和
中世の巨大地震――矢田俊文
大飢饉、室町社会を襲う!――清水克行
贈答と宴会の中世――盛本昌広
中世の借金事情――井原今朝男
庭園の中世史 足利義政と東山山荘――飛田範夫
土一揆の時代――神田千里
山城国一揆と戦国社会――川岡 勉
一休とは何か――今泉淑夫
中世武士の城――齋藤慎一
武田信玄――平山 優
歴史の旅 武田信玄を歩く――秋山 敬
戦国大名の兵粮事情――久保健一郎
戦乱の中の情報伝達 使者がつなぐ中世京都と在地――酒井紀美
戦国時代の足利将軍――山田康弘
名前と権力の中世史 室町将軍の朝廷戦略――水野智之
戦国貴族の生き残り戦略――岡野友彦
戦国を生きた公家の妻たち――後藤みち子
鉄砲と戦国合戦――宇田川武久
検証 長篠合戦――平山 優
よみがえる安土城――木戸雅寿
検証 本能寺の変――谷口克広
加藤清正 朝鮮侵略の実像――北島万次
落日の豊臣政権 秀吉の憂鬱、不穏な京都――河内将芳
北政所と淀殿 豊臣家を守ろうとした妻たち――小和田哲男
豊臣秀頼――福田千鶴
偽りの外交使節 室町時代の日朝関係――橋本 雄
朝鮮人のみた中世日本――関 周一
ザビエルの同伴者 アンジロー 戦国時代の国際人――岸野 久
海賊たちの中世――金谷匡人
中世 瀬戸内海の旅人たち――山内 譲
アジアのなかの戦国大名 西国の群雄と経営戦略――鹿毛敏夫
琉球王国と戦国大名 島津侵入までの半世紀――黒嶋 敏
天下統一とシルバーラッシュ 銀と戦国の流通革命――本多博之

各冊一七〇〇円〜一九〇〇円(いずれも税別)
▽残部僅少の書目も掲載してあります。品切の節はご容赦下さい。